D1872782

Kirst · Die seltsamen Menschen von Maulen

Hans Hellmut Kirst

# Die seltsamen Menschen von Maulen

Heitere Geschichten aus Ostpreußen

Blanvalet

© 1984 Blanvalet Verlag GmbH, München / 5 4 3 2 1
Gesamtherstellung Mohndruck Graphische Betriebe GmbH, Gütersloh
ISBN 3-7645-1902-9 · Printed in Germany

*Für G. G.*

*»Laß dir, lieber Freund, ein wenig von dem erzählen, was meine Heimat gewesen ist.«*

Geschrieben in jenem Jahr,
als er von uns ging.

*»Land des Lichts . . .*
*Über deinen Geheimnissen kreisen die Möwen.*
*Meine Seele ist dir verfallen.*
*Ich gehöre dir.«*
*Hansgeorg Buchholtz*

*». . . du wirst niemals wiederkehren.*
*Vergessen aber wirst du nicht.«*
*Marie-Luise Kaschnitz*

*»Handle so, daß die Maxime deines Willens jederzeit*
*zugleich als Prinzip*
*einer allgemeinen Gesetzgebung*
*gelten kann.«*
*Immanuel Kant*

*»Und sie besaßen eine Seele,*
*zu deren Eigenarten blitzhafte Schläue gehörte*
*und schwerfällige Tücke,*
*tapsige Zärtlichkeit und eine rührende Geduld.«*
*Siegfried Lenz*

*»Da kann man bloß noch sagen –*
*Erbarmung.«*
*Wehrenalp,*
*Gutsbesitzer bei Maulen*

Aus einem Aufsatz
des Schülers Horst-Heinz Kroger.
Geschrieben
im Sommer des Jahres 1932.
Thema:
»Unser Dorf«

»Unser Dorf Maulen ist das schönste weit und breit, sagt der Herr Hauptlehrer. Und nach Ansicht des Herrn Pfarrers sind wir alle sehr deutsch und sehr fromm. Und mein Vater, der Gendarm, meint: Es ist zwar nur ein kleiner Ort, in dem wir zu Hause sind, und viel Aufregendes passiert nicht – aber man muß die kleinen Freuden des Daseins zu schätzen wissen, sonst wird man nie das große Glück erleben.

Also mit anderen Worten: Hier ist es stinklangweilig, so viel man auch drumherum redet. Du kannst ein Kalb vergolden und auf ein Denkmal stellen, es in Seide hüllen und in Öl malen – es bleibt dennoch ein Kalb.

Bei der letzten Volkszählung hat sich herausgestellt, daß in unserem angeblich so schönen, deutschen und frommen Dorf insgesamt 639 Einwohner leben. Und das Verrückte ist: Hier gibt es genauso viele Schweine. Aber schließlich hat alles, was lebt, seine Daseinsberechtigung; da gehören die Schweine ganz selbstverständlich dazu. Rindviecher gibt es sogar in fast dreifacher Menge; vier Fünftel davon sind verläßliche Milchkühe, und ihre Sahne – hier auch Schmand genannt – ist als Stärkungsmittel weit und breit bekannt. Was für eine Stärkung damit bezweckt wird, ist mir allerdings nicht so ganz klar; vielleicht hat das etwas mit der Anziehungskraft zwischen männlichen und weiblichen Wesen zu tun.

Wie viele Gänse, Enten und Hühner bei uns herumflattern, ist nicht genau auszumachen, da diese Tiere ständig ausgewechselt, getauscht, verkauft und verspeist werden. Manchmal kommt auch der Fuchs und sagt zu einer Ente: Du gefällst mir, begleite mich, gehen wir mal groß speisen. Er muß bloß aufpassen, daß er dann im Wald nicht einem Wolf begegnet – denn die beiden vertragen sich nicht; wohl weil sie einander zu ähnlich sind.

Am liebsten mag ich Pferde. Und Hunde. Auf zehn Einwohner kommt ein Pferd, auf etwa zwanzig Menschen ein Hund. Allerdings werden die Hunde von Maulen in den meisten Fällen nicht ordnungsgemäß registriert und damit – klagt der Herr Bürgermeister – auch nicht richtig besteuert. Warum muß eigentlich ein Hund Steuern bezahlen wie ein Mensch? Vielleicht, weil Hunde und Menschen so eng zusammenleben. Es gibt ja sogar Hunde, die mit in den Betten schlafen dürfen; und wenn alle zugedeckt sind, kann man nicht genau unterscheiden, ob der Hund ein Mensch ist oder der Mensch ein Hund.

Zu unserem Dorf gehört selbstverständlich eine Kirche, und zur Kirche gehört der Pfarrer. Der bringt da manchmal Sachen heraus, daß man nur so staunen muß. Einmal hat er gesagt: Alle Menschen sind schließlich Gottes Kinder, auch die Säufer und die Sündenböcke. Neulich ist der sogar im Gasthaus gewesen, als da gerade eine Schlägerei im Gange war. Er hat sich in die Mitte gestellt und die Männer laut beschimpft. Tiere fallen übereinander her, weil sie nicht denken können, hat er gesagt; von den Menschen aber sollte man mehr erwarten dürfen.

Das Gasthaus, das sehr geräumig ist, mag er nämlich nicht, der Herr Pfarrer. Weil die Männer auch am Sonntag lieber dort sitzen als in der Kirche. Und wenn sie so allerlei getrunken haben, führen sie lästerliche Reden. Der Pfarrer hat ja keine Ahnung, erzählen sie dann. Hat der liebe Gott vielleicht die Kirche gebaut? Aber das

Bier hat er gemacht und den Schnaps. Was wahre Werte sind, ist ja sowieso ungewiß; auch Mist kann überaus nützlich sein.

Oder sie geben Witze zum besten. Ich hab mich an einem Abend am offenen Fenster aufgehalten und zugehört. Einer war da gerade aufgestanden und hat laut gerufen: »Entschuldigung«, meinte der Hahn und stieg von der Ente, »schließlich kann sich jeder mal irren.« Und dann haben alle fürchterlich gelacht.

Noch viel größer als das Gasthaus ist unser Gemeindesaal, auf den wir stolz sind, weil wir dort jedes Jahr unsere Feste feiern können.

Feste brauchen alle Menschen, und die in Maulen sowieso. Der Vater von einem Freund hat das meinem Vater mal erklärt: Du glaubst mühselig und beladen zu sein, solange du lebst – aber hast du schon mal drüber nachgedacht, was hinter dem Leben kommt? Wie? Na, siehst du, deswegen müssen wir feiern, solange wir das können!

Drei von unseren Maulener Festen stechen besonders hervor. Dabei handelt es sich einmal, unmittelbar nach der Herbsternte, um den Ball der Freiwilligen Feuerwehr, verstärkt durch den Turn- und Sportverein. Zweitens um das unvermeidliche gemeinsame Weihnachtsfest, das am ersten Feiertag anfängt und bis zum Neujahrstag dauert. Drittens schließlich um das Frühlingsfest, bei dem fast immer die Sonne scheint.

Das wird aber von unserer Hebamme, die beim Kinderkriegen dabei sein muß, jedes Jahr mit Sorgen erwartet. Im Frühjahr kommen nämlich die meisten Babys auf die Erde, und oft gibt es Streit unter den Eltern, wenn der Vater seinen neuen Sohn anschaut und zu seiner Frau mißtrauisch sagt: Der sieht mir aber überhaupt nicht ähnlich!

Außer den drei großen Festen gibt es noch viele andere, zum Beispiel zur Sonnenwende, oder wenn es sehr lange geregnet hat, oder einfach eben mal so. Gefeiert wird je nach Bedarf. Und der Bedarf ist gewiß groß.

Ein beständiges Problem in unserem Dorf sind die sogenannten Fremdlinge. Auch als die Andersgläubigen bezeichnet. Gemeint sind die Polen, manche sagen ›Pollacken‹. So neun oder zwölf Stück davon sind immer hier; sie arbeiten das ganze Jahr über bei Bauern und beim Gutsbesitzer. Zur Erntezeit jedoch erhöht sich deren Zahl ganz erheblich, besonders wenn es um unsere Kartoffeln geht. Dann werken hier manchmal einhundert oder mehr von dieser Sorte im Akkord vom Morgengrauen bis in die Abenddämmerung hinein. Die nahe Grenze macht es möglich, daß sie sofort kommen können, wenn wir sie benötigen.

Schlafen müssen sie in Scheunen oder in Arbeitsbaracken. Doch abends, sobald es ein bißchen dunkel wird, versuchen sie immer wieder auszubrechen in Richtung Gasthaus. Dann werden sie von sogenannten Ordnungskräften abgefangen, weil so was angeblich nicht gutgehen kann. Aber eigentlich sind es doch Menschen wie wir auch, und nach der Arbeit haben sie genau solchen Durst.

Selbst der Herr Pfarrer hat mit den Polen nicht viel im Sinn. Er meint, sie seien keine ›Seelen‹ wie wir. Es sei ihnen nicht gegeben, sich mit uns im gemeinsamen Gebet vor dem gleichen Gott zu vereinen. Ich habe immer gedacht, es gäbe nur einen einzigen Gott für alle Menschen.

Wie überall gibt es selbstverständlich auch in Maulen die Politik. Bei jeder Wahl dominiert hier die Deutschnationale Volkspartei, angeführt vom Herrn Major und Rittergutspächter, mit mindestens siebzig Prozent; darunter läuft nichts. Kommunisten haben bei uns keine Chance, wozu denn auch. Immerhin existieren in unserem Dorf so zwischen drei und sechs Personen, die jedesmal sozialdemokratisch wählen. Aber um wen es sich dabei handelt, weiß niemand genau. Die Betreffenden bekennen sich nicht dazu, jedenfalls nicht öffentlich. Sie werden schon wissen, warum.

Neuerdings sind sogenannte Nationalsozialisten bei uns aufgetaucht. Sie verhalten sich ziemlich gesittet, machen sich nicht allzu breit. Das geht auch gar nicht, denn diese Deutsche Arbeiterpartei kommt über fünfzehn bis zwanzig Prozent nicht hinaus - NOCH nicht, sagen einige Leute.

Das kratzt uns alles überhaupt nicht, meinen die Bauern hier. Wir arbeiten wie immer, und wir feiern unsere Feste wie immer, und wir wollen unsere Ruhe haben wie immer. Wir fühlen uns mit unserem deutschen Vaterland verbunden, und wir vertrauen auf unseren Herrgott. Das ist gut und richtig und wird es auch immer bleiben.

Hoffentlich haben sie recht.«

# Vorspiel

Dieser Aufsatz des vierzehnjährigen Volksschülers Horst-Heinz Kroger, Sohn des Gendarms von Maulen, wurde schon bald als höchst fragwürdig kritisiert. Die ersten Einwände kamen von dem stets wachsamen Hauptlehrer Sandmann.

Sandmann war im Grunde ein gefälliger Mensch von ausgleichendem Wesen. Man kannte ihn als verständnisvoll und entgegenkommend. Um so erstaunlicher war es, daß er diesmal Ungewöhnliches, ja Bedenkliches glaubte wittern zu müssen.

Mit besorgter Miene legte er Krogers Schulaufsatz dem Bürgermeister von Maulen vor, dem Großbauern und Viehzüchter Vierholzer. Dieser war ein Mann, der schon seit Jahren als Dorfoberhaupt fungierte und durch den Einsatz für die Allgemeinheit zugleich auch seine eigenen landwirtschaftlichen Unternehmungen zu fördern dachte.

Wohlgenährt, mit Stiernacken und Schweinsäuglein, erklärte er auf die Frage, was er von diesem Elaborat eines Minderjährigen halte, sehr vorsichtig und diplomatisch: »Was soll ich denn dazu sagen? Der Junge spinnt ja wohl. Aber wie kommt dieses krause Kerlchen überhaupt dazu, so etwas zu schreiben? Ausgerechnet bei dir, in deiner Schule! Ist das Zeug etwa auf deinem Mist gewachsen, Sandmann? Das will ich doch nicht hoffen!«

Verschreckt zog sich der Hauptlehrer eilig zurück und wandte sich im Hinblick auf die volkserzieherische Verantwortung, die ihm sein Beruf auferlegte, nunmehr an Pfarrer Bachus. Aber auch ihm konnte er nur eine ziemlich verschwommene Stellungnahme entlokken: »Was kommt denn da auf uns zu? Was nimmt sich dieser Jüngling heraus? Solche Töne habe ich hier noch niemals vernommen! Da kann ich nichts weiter tun als beten.«

Wesentlich realistischer reagierte Major Wehrenalp. Klar und selbstbewußt rief er aus: »Diese verblendeten Kinder! Diese kleinen Hosenscheißer! Was muten die uns bemühten Vätern zu? Man sollte den vorlauten Sprößlingen den Arsch versohlen, ganz einfach! So was bringt sie zur Vernunft, das ist die einzig richtige Methode.«

Auf diese Weise seelisch gestärkt, begab sich Hauptlehrer Sandmann nunmehr zum Vater des Jungen, dem Gendarm Kroger. Überraschenderweise wollte sich der Erzeuger dieses doch wohl unbezweifelbar fragwürdigen Jünglings auf die Vorschläge des Majors nicht ohne weiteres einlassen, sondern sah sich den Schulaufsatz erst einmal ganz genau an. Da er ein gründlicher Mensch war, dauerte das seine Zeit.

Schließlich meinte er bedächtig: »Was soll daran denn gefährlich sein? Etwa gewisse Wahrheiten, die hier treffend aufgezeigt werden? Soll ich meinen Sohn bestrafen, weil er gut beobachten kann und ehrlich ist?«

»Als sein Vater sind Sie – auch wenn Ihnen das sicherlich nicht leichtfällt – für ihn verantwortlich und haben alles Erforderliche zu tun, um ihm Ehrerbietung gegenüber den Erwachsenen beizubringen. Insbesondere darf er niemals die Würde von Amtspersonen verletzen. Gewiß ist das nicht leicht. Sie sind früh verwitwet, Herr Gendarm, und haben Ihren Jungen ganz allein großziehen müssen; diese Aufgabe ist noch keineswegs beendet. Es ist Ihre Pflicht, ihm gerade in schwachen Stunden behilflich zu sein, damit er ein verläßliches Glied unserer Gemeinde wird.«

Der Gendarm Kroger ließ all die Ermahnungen, die da auf ihn herunterprasselten, geduldig über sich ergehen. Er rückte nicht einmal Behauptungen zurecht, die unzutreffend waren. Denn er war ja gar nicht verwitwet. Vielmehr hatte ihn seine Frau kurz nach dem Ende des Weltkriegs, der dann später die Nummer Eins erhalten sollte, ganz einfach verlassen – und damit auch ihren Sohn Horst-Heinz. Die Folge war, daß der Kleine etliche Jahre bei seiner Großmutter in Osterode lebte, einer resoluten, klar denkenden Person, von Beruf Hebamme, von der er offensichtlich eine ganze Menge gelernt hatte. Als sie starb, war er zehn Jahre alt und kam nun zu seinem Vater.

Hauptlehrer Sandmann, den seltsamen und durchaus eigenwilligen Schulaufsatz in den Händen, gab keine Ruhe: »Wir befinden uns hier mitten in Ostpreußen, Herr Kroger. So was verpflichtet. Das sollten auch Sie endlich begreifen!«

Der Gendarm sah den Lehrer groß an. Leicht verwundert fragte er: »Ja, wissen Sie denn nicht, daß auch ich ein Ostpreuße bin? Und zwar ein waschechter! Das sollten Sie sich und manch anderer hier in Maulen gefälligst merken.«

Das Dorf Maulen lag zwischen dem idyllischen, aber trotzdem ein wenig streng wirkenden Oberland und dem in seiner Eigenwilligkeit wundersamen, geradezu märchenhaften Masuren, unmittelbar an der Grenze zu Polen. Die Wesensmerkmale der Menschen, die hier lebten, waren konträr und gingen dennoch ineinander über: das Preußische und das Ostische. Sie muteten halb slawisch, halb deutsch an, und es war nicht auszumachen, welche der beiden Seiten prägenden Charakter hatte.

Diesen ostischen Preußen – den Ostpreußen – sagte man allgemein nach, sie seien von Geburt an sture

Dickköpfe, die hemmungslos gegen die härteste Wand anrennen, wenn es darauf ankomme, störende Hindernisse zu beseitigen. Verglichen mit solch einem unbeugsamen, starrsinnigen Menschwesen mußte etwa ein spanischer Kampfstier auf der plaza de toros wie ein verstörter Hofhund erscheinen.

Welche dramatischen Situationen sich daraus ergeben konnten, das sollte man hier in Maulen bald erleben.

# 1.
# Das Haus ihres Gottes
# Oder:
# Wie kommt die Sau
# vor den Altar?

*»Wenn eine Kuh den Schwanz hebt,*
*dann heben sie ihn alle.«*

Die Kirche von Maulen - erbaut im Jahre 1871 des Herrn anläßlich der Gründung des Deutschen Kaiserreiches im Spiegelsaal von Versailles - war der erklärte Mittelpunkt des Dorfes. Einfach und gediegen geplant, von evangelischer Kargheit und in preußischer Bescheidenheit, wirkte sie neben den anderen Häusern dennoch wie eine Trutzburg. Ihre Nachbarn waren das Gemeindehaus, die Bürgermeisterei, das Gasthaus und die Schule. Und so, wie einst alle Straßen nach Rom führten, so zielten alle Wege in Maulen zu dem sanften Hügel, auf dem die Kirche thronte. Ausweichen konnte ihr niemand.

An einem Sommersonnentag im August des Jahres 1932 - es war kurz vor dem Beginn der herbstlichen Ernte - hatten sich in diesem Gotteshaus fast alle Maulener eingefunden, die hierorts irgendwie Rang und Namen besaßen. Auch aus der näheren Umgebung waren einige Leute gekommen; denn zu dieser Kirchengemeinde gehörten noch fünf weitere, meist sehr kleine Dörfer: Klonau, Sägefeld, Martinswalde, Willpischen und Geiersberg.

Der Einwohner mit den kräftigsten Zugpferden und den dicksten Kartoffeln, Bürgermeister Vierholzer, saß vor dem Altar in der zweiten Bank. Unmittelbar neben ihm durfte Hauptlehrer Sandmann Platz nehmen. Beide waren selbstverständlich mit den ihnen angetrauten Ehehälften erschienen, ebenso gutmütigen wie gutgenährten Geschöpfen, die sich rührend um ein würdevolles Auftreten bemühten.

Dahinter, in der dritten Bank, hatte die Besitzerin der

Gastwirtschaft »Zur grünen Linde« ihren Stammplatz. Martha Fröhlich – so hieß sie – gab sich immer betont lustig, als wollte sie ihrem Namen Ehre machen. Zwei Plätze weiter lächelte der Gendarm Kroger seinem Sohn zu, und Horst-Heinz nahm dieses Lächeln dankbar auf; es mutete wie eine gegenseitige Ermunterung an.

Die erste Bank in diesem Hause Gottes, der wichtige Platz dem Altar unmittelbar gegenüber, war für den örtlichen Kirchenpatron reserviert, den Major a. D. Wehrenalp, Rittergutspächter, Kreisleiter der Deutschnationalen und Kreisführer des »Stahlhelm, Bund der Frontsoldaten« sowie weiterer nationaler Organisationen. Doch heute ließen Wehrenalp und sein Gefolge auf sich warten – ihre Bank war noch leer.

Da die Zeit zum Beginn des Gottesdienstes längst gekommen war, sang inzwischen der gemischte Kirchenchor »Ein feste Burg ist unser Gott« – den ersten Vers, den zweiten Vers und den dritten. Begleitet wurde der Gesang vom Orgelspiel des außerordentlich ehrgeizigen Junglehrers Lupin, der es immerhin schon zum stellvertretenden Dirigenten des Kirchenchors gebracht hatte. Auch heute wollte er sich offenbar als künstlerischer Mensch profilieren und griff so kühn in die Tasten, daß Hauptlehrer Sandmann, von den grellen Orgeltönen aufgescheucht, sich von der Kirchenbank erhob, der hinteren Empore entgegeneilte und den Junglehrer am Instrument ablöste.

Unterdessen wartete Pfarrer Bachus zwar mit gefalteten Händen, aber dennoch auf das äußerste erzürnt, in der Sakristei. Als streitbarer Lutheraner fiel es ihm nicht leicht, sich in christlicher Geduld zu üben – die Kinder, denen er Religionsunterricht erteilte und von denen er sich ehrerbietig mit »Hochwürden« anreden ließ, wußten ein Liedlein davon zu singen. Er war es gewohnt, daß seine Gemeinde vollzählig versammelt war, sobald die große Glocke auf dem Kirchturm den Gottesdienst eingeläutet hatte. Daß die Schäflein der ersten Bank, die doch Vorbild sein sollten für die übrigen Besucher, noch nicht erschienen waren – das verletzte seine Würde.

Ein wenig milderte es seinen Zorn, als er durch einen Vorhang in den Altarraum blinzelte und wieder einmal wie schon so oft mit einem Hochgefühl der Befriedigung die karge, schlichte Schönheit seines Gotteshauses empfand. Kein goldfarbener Prunk, keine buntfunkelnden Fenster, kein betäubender Weihrauch in glitzernder Schau. Statt dessen schneeweiß getünchte Wände, einfache Formen, durchsichtige Klarheit der Architektur. Hier konnte der Mensch ohne Ablenkung durch Firlefanz zum Wesentlichen seiner Existenz finden. Hier konnte er in Ruhe seine Seele Zwiesprache halten lassen mit Gott.

Plötzlich – Gesang und Orgelspiel waren verstummt – erzitterten die hellgrauen Steinplatten des Fußbodens unter massiven Schritten: Major a. D. Wehrenalp, der Ortsgewaltige, fand sich endlich ein. Wie immer trug er benagelte Stiefel, so als sei er zu einer Parade abkommandiert.

Pfarrer Bachus blickte mißbilligend auf seine Taschenuhr. Der Major hatte sich um vierzehn Minuten und fast dreißig Sekunden verspätet. Der Gottesmann fragte sich: War das ein Zufall, ein Irrtum oder eine bewußte Provokation?

Wehrenalp trug eine Art Uniform; es sollte wohl ein Jägerkleid sein. Von großer und breiter Statur, war er mit einem rosigen Mondgesicht gesegnet, in dem blasse Bärenaugen ausdruckslos über alles und jeden hinwegblickten. Begleitet wurde er von seiner Frau, die neben ihm puppenklein wirkte, aber trotz ihres Alters –

manche sagten von ihr, sie sei ein zähes Sumpfhuhn – überraschend beweglich war. Sie hatte drei, inzwischen erwachsene, Söhne auf die Welt gebracht. Der Älteste war Offizier in Königsberg im 1. Infanterieregiment. Der zweite volontierte auf einem benachbarten Rittergut. Der Jüngste arbeitete als Regierungsassessor in Berlin.

Dem Ankömmling und seiner Angetrauten folgte sein Specka, der Inspektor; ein überaus pflichteifriger Jüngling, der einfach alles sein mußte: Flurverwalter, Flintenträger bei Jagden, Sekretär, Gesprächspartner, Bote, persönlicher Adjutant und was sonst noch anfiel. Ein Zwischending von scharfem Schäferhund und gemütlichem Dackel gewissermaßen.

Immerhin war dieser Specka international bekanntgeworden, und das aus folgendem Grund: Bei der Einweihung des nahe gelegenen Tannenberg-Denkmals hatte sein Arbeitgeber Wehrenalp als rangältester Stahlhelmführer im Landkreis Osterode das Kommando über alle versammelten Krieger- und Veteranenverbände. Da geschah es, daß der Kommandeur unmittelbar vor der großen Zeremonie, als sämtliche Mikrophone bereits eingeschaltet waren und die Wochenschaukameras von UFA bis FOX schon filmten, in die andächtige und erwartungsvolle Stille hinein mit gewaltiger Stimme nach seinem Specka rief.

»Specka zu mir!« hatten seine Worte gelautet. »Specka sofort zu mir!« Und das war also eingefangen, aufgezeichnet, im Bild festgehalten worden. Dadurch wurde Specka fast so berühmt wie Hindenburg. Dank Wehrenalp. Und dadurch hatte sich der Major a. D. ganz unabsichtlich den getreuesten aller Gefolgsleute geschaffen. Specka war sein untrennbar mit ihm verbundener Schatten – auch jetzt in der Kirche.

Inzwischen hatte Pfarrer Bachus mit dem Gottesdienst begonnen. Am Altar stehend, breitete er gerade die Arme aus und rief: »Gottes Wege sind wahrhaft wunderbar, wenn wir nur bereit sind, nach ihnen zu suchen, sie zu erkennen und im tiefen Glauben auf ihnen zu wandeln. Laßt mich dabei, meine Brüder und Schwestern im Herrn, euren Seelen ein verläßlicher Führer sein . . .«

Im richtigen Augenblick setzte Hauptlehrer Sandmann wieder mit der Orgel ein. Den Noten zufolge war es eine Fuge von Johann Sebastian Bach, und es hörte sich auch sehr schön und gewaltig an. Sogar die Kirchenwände schienen zu erzittern, ohne daß allerdings die Gefahr eines Einsturzes bestand – diese Kirche hatte schon ganz anderen Gewalten Trotz geboten.

Der Pfarrer war nun auf die Kanzel gestiegen. Sie befand sich links vom Altar auf gleicher Höhe mit dem einzigen bildnerischen Objekt des Hauses: dem Heiland am Kreuz. Gleichsam Auge in Auge mit Christus verharrte Hochwürden, leicht vorgebeugt, in Andacht, bis das vermutlich auch ihn betäubende Orgelspiel endete.

Jetzt stand er da, gewichtig, feierlich, mit beschwörend zum Himmel weisenden Händen. Hätte nun jemand eine der üblichen grundsätzlichen Predigten erwartet, wäre er ohne Zweifel enttäuscht worden – doch hier gab es kaum einen Uneingeweihten; man kannte Bachus und seine Art. So war kaum Überraschung zu spüren, als er von der Kanzel herab ganz handfeste, bäuerlich orientierte Anregungen gab, wie sie dieser Maulener Welt durchaus angemessen waren.

»Meine lieben Brüder und Schwestern im Herrn, gute Landsleute, deutsche Ostpreußen!« begann er. »Nun ist es also wieder einmal soweit: Die Ernte steht unmittelbar bevor. Wenn auch der vergangene Sommer sehr heiß gewesen ist, so hat uns der Herrgott dennoch vor einer Dürrekatastrophe bewahrt, und dafür wollen wir ihm danken in einem Gebet.«

Während dieser Worte legte Bachus seine Taschenuhr vor sich auf die Brüstung der Kanzel. Er bewilligte seinen Lämmern eine ganze Minute für das befohlene Gebet – exakt sechzig Sekunden. Danach fuhr er fort:

»Die Getreideernte wird nicht schlecht sein, die Kartoffelernte sogar sehr gut. Auch Kohl und Rüben stehen vielversprechend. Allerdings muß ich in Erinnerung an betrübliche Vorkommnisse der Vergangenheit mahnend darauf hinweisen: Kartoffeln sind wertvolle Nahrung, und Rüben bedeuten Zucker, der lebensnotwendig ist. Doch ich weiß sehr wohl, welche teuflischen Möglichkeiten der Verlockung darüber hinaus gegeben sind. Sowohl Kartoffeln als auch Rüben können zu Schnaps verarbeitet werden. Und einige unter euch Sündern sind nur allzu bereit, sich bei derartigen Versuchungen schwach zu zeigen. Ich warne euch und fordere euch auf: Widersteht den Einflüsterungen des Satans!«

Er blickte von der Kanzel herab auf seine Gemeinde und versuchte die Wirkung seiner Worte zu ermessen. Der Major fühlte sich von den Ermahnungen offenbar nicht im geringsten betroffen, obwohl gerade er als großer Freund des Alkohols berühmt, um nicht zu sagen: berüchtigt war. Einige Bauern allerdings beugten etwas verlegen ihr Haupt. Sogar der Brenner Kaminski, dessen fleißige, hochprozentige Schnapsproduktion unter der Hand in Maulen und Umgebung bekannt war, schien irgendwie verwirrt zu sein, so als käme er sich ertappt und öffentlich gedemütigt vor.

Bachus war bereits beim nächsten Punkt seiner Ansprache: »Bald werden hier bei uns auch wieder Polen eintreffen. Wir benötigen sie, um unser Arbeitspensum zu schaffen. Behandelt sie deshalb anständig und denkt immer daran, daß auch sie unsere Mitmenschen sind. Ihren anderen Glauben sollten wir ihnen nicht nachtragen. Allerdings müßt ihr darauf achten, daß sie sich immer und überall gesittet benehmen und sich den Erfordernissen unserer Gemeinschaft fügen. Wenn sie zum Beispiel das Vieh durch unser Dorf treiben, so bringt ihnen bei, daß man Kuhfladen nicht mitten auf der Straße liegen läßt und schon gar nicht – wie es in den vergangenen Jahren oftmals vorgekommen ist – in der Nähe der Kirche. Zwar handelt es sich hier keineswegs einfach nur um Verunreinigungen, sondern ganz im Gegenteil um wertvollen Dung und Brennstoff – doch brauchen diese Exkremente ja nicht stundenlang unsere schöne Dorfstraße zu verunzieren. Man verbringt sie zweckmäßig zunächst einmal an den Straßenrand, damit sie trocknen können. Später werden sie dann aufgesammelt. Bei uns in Maulen muß alles seine Ordnung haben.«

In solcher Art hagelte es von der Kanzel Ermahnungen und Anregungen hernieder. Die Gemeinde ließ das mit lässigem Gleichmut und nicht ohne verstecktes Amüsement über sich ergehen. Zwar hatte man sich in all den Jahren noch immer nicht so recht an die merkwürdigen und sehr eigenwilligen Gottesdienste gewöhnt – doch war eines so gut wie sicher: Sollten Pfarrer Bachus bunte Bauernregeln irgendwann einmal ausbleiben, so würden alle Einwohner von Maulen und ganz besonders die Teilnehmer am Gottesdienst ohne Zweifel tief enttäuscht sein. Indessen war eine derartige Entwicklung in nächster Zukunft wohl kaum zu befürchten.

So dämmerten die Zuhörer in einer angenehm temperierten Stimmung dahin, ließen sich von den Kanzelworten berieseln, ohne sie wirklich aufzunehmen, und hingen erbaulichen Gedanken nach, die nichts mit der

Kirche zu tun hatten – Gedanken etwa an ein frisch gezapftes kühles Bier im Gasthaus oder an den gut geschmorten Sonntagsbraten, der sie daheim erwartete. Aus dieser Vorfreude wurden sie kaum jemals herausgerissen; es gab bei den Gottesdiensten keine Überraschungen, keine Höhepunkte, keine Sensationen.

Doch diesmal war es anders. Diesmal passierte unvermutet etwas schier Unglaubliches, das alle, die es miterlebten, niemals vergessen würden. Plötzlich wurde nämlich die Haupttür der Kirche aufgestoßen. Teils erstaunt, teils erwartungsvoll drehten sich die Besucher in ihren Sitzreihen um. Man hörte zunächst ein schepperndes Geräusch und dann eine helle, jugendliche Stimme in der unverzüglich eingetretenen Stille:

»Achtung, Leute – nun kommt er! Der Heilige Geist!«

Daraufhin trabte eine pralle, prachtvolle, erkennbar hochträchtige Sau herein und bewegte ihr massiges Mehrzentnergewicht freudig grunzend dem Altar zu, als werde sie angelockt von den dort brennenden Kerzen. Am Altar angekommen, erleichterte sich dieser Fleischkoloß. Die Sau ließ ahnungslos ihr Wasser ab.

Der Vorgang wurde von den Besuchern des Gotteshauses mit vergnügter Neugier und großer Anteilnahme registriert.

Nur Pfarrer Bachus war fassungslos und bestürzt. So etwas Absurdes hätte er sich nicht einmal mit seiner hintergründigsten Phantasie ausmalen können. »Mein Gott!« rief er entsetzt auf seiner Kanzel aus. »Was kommt denn da auf uns zu!«

»Eine Sau!« wurde ihm aus den hinteren Reihen der Kirchenbänke mit geradezu genießerischer Schadenfreude zugerufen.

Doch Bachus hatte sich schnell wieder gefangen. Er warf einen strengen Blick auf Kroger und rief: »Beseitigen Sie das, Herr Gendarm! Walten Sie Ihres Amtes!« Gendarm Kroger erhob sich von seinem Platz auf der dritten Bank, bemühte sich durch stramme Haltung um ein würdevolles Aussehen und erklärte mit fester Stimme: »Dafür, Herr Pfarrer, bin ich nicht zuständig.«

Die Zuhörer unterdrückten nur mit Mühe ein Jauchzen. Dieser Sonntagmorgen nahm für sie einen ungemein vielversprechenden Verlauf.

»Was sagen Sie da?« rief der Pfarrer. »Sie fühlen sich nicht zuständig, Herr Kroger? Wer, wenn nicht Sie, sollte es denn sonst sein?«

»Die Kirche ist allein Ihr Bereich und damit meinem Zugriff entzogen«, antwortete der Gendarm. »Wenn hier eine Sau eindringt, ist das ausschließlich Ihre Angelegenheit.«

Für die Leute von Maulen war die Auseinandersetzung ein unerwartetes Sonntagsvergnügen. Ein Spaß ganz nach ihrem Herzen. Von Kirchenbank zu Kirchenbank kamen muntere Gespräche auf. Und die Sau am Altar grunzte behaglich. Pfarrer Bachus war ehrlich betroffen. Er hob beschwörend die Hände und sandte einen hilfesuchenden Blick zu Major Wehrenalp.

Nun fühlte sich der Dorfgewaltige verpflichtet, höchstpersönlich einzugreifen. In einer unnachahmlichen Art, die nicht zu erlernen war, die angeboren sein mußte, wuchtete er seine Gestalt von der ersten Bank und stand großartig da; ein Herrscher, der sich seines Wertes und seiner Bedeutung sehr wohl bewußt war – aber dennoch bereit, die Sachlage landesväterlich zu klären.

»Mein lieber Herr Kroger!« tönte seine volle Stimme durch das Kirchenschiff. »Sollte es nicht Ihre verdammte Pflicht und Schuldigkeit sein, das Unvermeidliche auf sich zu nehmen und diese Sauerei zu beseitigen?«

»Herr Wehrenalp!« entgegnete der Gendarm nicht ohne einen gewissen Respekt, doch mit jener selbstbewußten Festigkeit, wie sie einem ostpreußischen Dickschädel nun mal eigen ist. »Dieses Gotteshaus gilt polizeiamtlich und juristisch sozusagen als ein Freiraum und zählt mithin nicht zu meinem Aufgabenbereich. Abgesehen davon ist diese Sau schließlich nicht mein Tier. Immerhin ist deren Eigentumsrecht bestimmbar. Ich glaube ziemlich genau zu wissen, wohin und zu wem dieses prachtvolle Schwein gehört.«

Daraufhin meldete sich – glücklicherweise – von der sechsten oder siebten Bank her der Bauer Lipski zu Wort: »Ich gebe zu – es handelt sich um mein Tier. Doch wie es hierher in unsere Kirche gekommen ist, das weiß ich nicht. Wirklich nicht!«

»Nun – so was kann vorkommen«, stellte der Gendarm fest, ohne seine Erleichterung über diese hochwillkommene Klärung der Angelegenheit zu zeigen. »Dann sei so freundlich und entferne dein an dieser Stelle unerwünschtes Geschöpf.«

Genau das geschah dann auch nahezu komplikationslos, sah man von der teilweise lautstarken anteilnehmenden Freude der übrigen Besucher ab. Bauer Lipski ging gemessenen Schrittes auf das schwergewichtige Tier zu und sprach es mit Namen an. Diese Sau hieß doch tatsächlich Auguste-Viktoria. Und man darf wohl annehmen, daß sie nach der Gemahlin des unvergeßlichen deutschen Kaisers, Wilhelm dem Zweiten, so benannt worden war.

»Komm mit, meine Schöne!« rief der Bauer, wobei er den gewaltigen Bauch von Auguste-Viktoria lockend streichelte. »Hier hast du nichts zu suchen!«

Nach anfänglichem Zögern folgte Auguste-Viktoria bereitwillig ihrem Herrn und Gebieter und trabte aus dem Gotteshaus hinaus – nicht ohne einen intensiv penetranten Geruch zu hinterlassen, wie ihn eben nur ganz große Tiere zu produzieren vermögen. Hätte es in diesen heiligen Hallen weihrauchschwingende Gottesbedienstete gegeben, es wäre ihnen nicht gelungen, diesen strengen Duft zu überdecken.

»Das also wäre nun erledigt«, stellte Wehrenalp nicht unzufrieden fest. »Fahren Sie jetzt fort, Herr Pfarrer, in Ihren geistlichen Bemühungen. Wir hören!« Erwartungsvoll nahm er wieder Platz.

Bachus ließ sich das nicht zweimal sagen und beeilte sich, den höchst peinlichen Vorgang zu überspielen. Noch immer auf seiner Kanzel stehend, rief er: »So ist das nun mal, meine lieben Brüder und Schwestern im Herrn, in unserem herrlichen Lande.« Ohne Zweifel meinte er damit Ostpreußen. »Selbst niedrigste Tiere drängen sich dem Altar entgegen. Auch sie sind gesegnet!«

Und nicht ganz so feierlich fügte er hinzu: »Allerdings bin ich als euer Mitbürger, eng vertraut mit bäuerlicher Wesensart, zu einem Hinweis gezwungen. Dieses hochträchtige Tier ist mir nicht sonderlich gepflegt erschienen. Es war nicht gesäubert, nicht gewaschen genug. Bei einem so vielversprechenden Muttertier halte ich das für ein unentschuldbares Versäumnis. Ich will hoffen, daß eine solch verantwortungslose Schlamperei nicht mehr vorkommt!«

Trotz der vielerlei Abschweifungen des Herrn Pfarrers endete auch dieser Gottesdienst erstaunlicherweise verhältnismäßig pünktlich. Zwar fiel der abschließende Segen, den er nun wieder vom Altar aus erteilte, nicht so andächtig und herzerhebend aus wie sonst, aber die Zuhörer waren dennoch ziemlich gerührt und lauschten ergriffen den Schlußworten: »Im Namen des Herrn, des Sohnes und des Heiligen Geistes – bis in alle Ewigkeit. Amen!«

Nach einem letzten stimmungsvollen Gesang leerte sich das Gotteshaus von Maulen schnell. Von den männlichen Wesen strebten die meisten dem Gasthaus zu, während die weiblichen Teilnehmer zu den häuslichen Kochtöpfen eilten.

Auf Wehrenalp und die Seinen wartete ein Vierspänner, der sich jedoch erst dann in Bewegung setzte, nachdem es zu freundlichen Huldigungen seiner Person gekommen war – mit geschwenkten Hüten und freudig beschwingten Gesichtern.

Weniger beschwingt fühlte sich Pfarrer Bachus, der reichlich erschöpft in seiner Sakristei hockte und in eine schwerwiegende Diskussion mit seinem Kirchendiener verwickelt war. Dieser Kirchendiener – eine kleine graue, quicklebendige Maus namens Kowronski – mußte zugleich Glöckner und Garderobier sein, mußte den Abendmahlswein verwalten, die Kollekte einsammeln und den Kircheninnenraum sauberhalten. Im Augenblick betrachtete er seinen geistlichen Vorgesetzten und »Brötchengeber« recht besorgt.

»Was war denn das alles, Herr Pfarrer?« meinte er. »Diese urplötzlich auftauchende Sau, der widerborstig-unbotmäßige Gendarm und die verdächtig munteren Gemeindemitglieder? Und Hauptlehrer Sandmann hat sogar behauptet, seine Orgel sei verstimmt worden, da habe sich jemand dran zu schaffen gemacht und Wasser reingegossen. Mein Gott, Herr Pfarrer, was hat das zu bedeuten? Wer macht so was? Wem haben wir das zu verdanken?«

»Da sind wohl überaus fragwürdige Elemente am Werk«, entgegnete Bachus mit düsterem Blick. »Ich habe es kommen sehen und auch gewarnt – aber das wohl nicht deutlich genug, zu unentschlossen. Da gibt es Gotteslästerer wie den Schuster Materna. Oder politische Hasardeure wie den NS-Ritzler und seine Parteigenossen. Und dann die mißratenen jungen Leute vom Schlage des Horst-Heinz Kroger, den ich tadeln mußte. Vielleicht ist ihm das zu Ohren gekommen.«

»Der Kroger«, wußte Kirchendiener Kowronski zu berichten, »hat während des gesamten Gottesdienstes neben seinem Vater, dem Gendarm, gesessen. Das ist bezeugt und steht einwandfrei fest. Er kann demnach die Sau keinesfalls hereingetrieben haben.«

»Wer war es aber dann?« fragte der geplagte Geistliche.

»Der Täter ist gesehen worden, dieses Subjekt! Aber er war vermummt. Er hatte einen Sack über den Kopf gestülpt mit drei Löchern für die Augen und den Mund – dadurch ist wohl auch die Stimme unkenntlich gewesen. Es war, heißt es, ein junger Mann, der unmittelbar nach der Untat spurlos verschwand. Niemand weiß was Genaues, weil sich dann ja alle nur noch mit der Sau in der Kirche beschäftigt haben.«

»Auf diese Jugend muß man achten!« rief Bachus aus, und es klang fast wie eine Beschwörung. »Die heutige Jugend fühlt sich unserer Kirche zu wenig verbunden. Sie läßt sich von ungläubigen Freigeistern verführen und erkennt nicht mehr die wahren Werte. Ob da nicht die Väter kläglich versagt haben?«

Diese Schicksalsfrage stellte er sich keineswegs selbst, obwohl er ebenfalls zweifacher Vater war. Denn seine beiden Söhne hielt er mit voller Überzeugung für ausgesprochen wohlerzogen. Eine, wie er glaubte, bedeutende erzieherische Leistung von ihm. Jedenfalls war er stolz darauf.

Der ältere Sohn, Hans – auch »Hansi« genannt –, war neunzehn und dem Anschein nach ein intellektueller Typ. Er schätzte und verteidigte die »höheren Werte« und übte Distanz gegenüber der Masse. Das Mittelmäßige war ihm zutiefst zuwider. Er spielte gern Klavier –

merkwürdigerweise am liebsten Johann Strauß und Franz Lehár.

Der jüngere Sohn, Waldemar, zählte erst vierzehn Jahre. Er galt allgemein als zurückhaltend und bescheiden. Ein lieber, höflicher, anpassungsfähiger Junge – so sagte man.

Das sollte sich als folgenschwerer Irrtum erweisen. Als einer jener Irrtümer, die eines Tages unvermeidlich zur Katastrophe führen.

## 2.
# Ein Bote der Post
# Oder:
# Von den Exkrementen der Volksgemeinschaft

*»Ein Mensch kann ein Hund sein und*
*ein Hund ein Mensch;*
*so genau vermag das niemand*
*zu unterscheiden.«*

Er hieß Ritzler mit Nachnamen. Seine Vornamen waren Hermann und Rudolf. Man hätte denken sollen, daß dieser Mensch vom Schicksal dazu ausersehen war, im Dorf Maulen ein angesehener Kolonialwarenhändler zu werden. Die Voraussetzungen waren nämlich ungemein günstig: der Vater besaß hier ein recht gutgehendes, wenn auch nur kleines Geschäft.

Ein schönes Erbe schien Hermann Rudolf Ritzler um so sicherer zu sein, als seine beiden älteren Brüder auf gewiß recht ehrenwerte Weise für Kaiser, Volk und Vaterland gefallen waren - der eine in der Schlacht von Tannenberg, der andere vor Verdun. Doch war es wohl gerade der Verlust der beiden Söhne - dazu kam noch eine schleichende, unbestimmbare Krankheit seiner Frau -, der Vater Ritzler in Trübsinn fallen ließ. Er ergab sich dem Trunk, und man munkelte, daß er auch etliche Weibergeschichten habe.

So kam es, daß der Gefreite Hermann Rudolf Ritzler, ausgezeichnet mit dem Eisernen Kreuz Erster Klasse, bei seiner wegen russischer Gefangenschaft verspäteten Rückkehr aus dem Weltkrieg einen geschäftlichen und familiären Trümmerhaufen zu Hause vorfand. Es gab da nichts mehr zu erben.

Der Weltkriegsheld sah daraufhin keine andere Möglichkeit, als jahrelang in Maulen und Umgebung herumzustreunen - viel anders konnte man sein damaliges Verhalten kaum nennen. Allerdings rühmten viele Kriegerwitwen seine liebenswerte Bereitwilligkeit, sie zu betreuen - was gar nicht unwesentlich zu seinem Lebensunterhalt beitrug. Außerdem versuchte er sich

Kreisen anzuschließen, die vaterländisch eingestellt waren und das Andenken an die Frontsoldaten hochhielten. Kein Wunder, daß er beim »Stahlhelm« landete und dort eine ihm angemessene führende Position anstrebte.

Doch dies klappte nicht so, wie er sich das vorgestellt und erträumt hatte. Major Wehrenalp, der örtlich maßgebende Mann beim »Stahlhelm«, erklärte ihm: »Selbstverständlich bist du uns als Kamerad willkommen. Wir erkennen auch an, daß du auf dem Felde der Ehre das EK I errungen hast. Jederzeit kannst du bei uns mitmachen. Schade, daß du nicht Offizier, sondern nur Gefreiter bist – dadurch ist eine führende Position leider ausgeschlossen. Du wirst dich aber sicher gern bei uns bescheiden einreihen, Kamerad Ritzler!«

Hermann Rudolf empfand diese Einschränkung als eine beleidigende Geringschätzung seiner Persönlichkeit und seiner soldatischen Leistungen. Und er schwor sich, die Schmach niemals zu vergessen. Der Tag der Rache kam später tatsächlich. Doch zunächst wurde er durch die Empfehlung eines anderen Frontkameraden als »Angestellter auf Zeit« von der Deutschen Reichspost übernommen. Fortan trug er hier Briefe aus.

Dabei kam H. R. Ritzler viel herum, sah und erfuhr interessante und wichtige Dinge; und nach und nach dämmerte ihm die aufschreckende Erkenntnis: Die alten, guten, bewährten deutschen Werte drohten verlorenzugehen. Allein die Art und Weise, wie er hier behandelt wurde, war dafür ein typisches Beispiel. Er, der Kriegsheld und Träger des EK I, war nur noch ein schlecht bezahlter und respektlos behandelter Briefträger. Das konnte er mit seiner Mannesehre auf keinen Fall vereinbaren. Davon abgesehen ging es ganz allgemein um die höhere Ehre des Vaterlandes.

Für die Bauern, die hier mehr schlecht als recht ihre

Felder bestellten, schien Vaterland nichts als ein leeres Wort zu sein. Ihre Kartoffeln wurden kleiner, blieben bestenfalls gleichgroß – aber ihre Freude am Fressen, Saufen und Feiern nahm beständig zu. Daß sie Verantwortung trugen für ihr Volk, für die deutsche Nation, daran dachten sie überhaupt nicht. Die Beschäftigung mit der nationalen Frage überließen sie diesem hohltönenden Wehrenalp. Der war von Typen vor allem aus der Deutsch-Nationalen Partei umgeben, die alles für richtig hielten, was sie von sich gaben, und sich immer breiter machten. Dagegen mußte unbedingt etwas getan werden!

Schon bald ergab sich für Ritzler eine Chance, als er sich mit jenem Kameraden traf, der ihm den Posten bei der Post verschafft hatte. Offensichtlich besaß der, in jener Kreisstadt, wo er wohnte, Ansehen und Einfluß. Er sagte zu Ritzler: »Kamerad, du hast die Zeichen der Zeit erkannt. Bravo! Aber du mußt konsequent sein und aus deinen Erkenntnissen Folgerungen ziehen. Ich gebe dir einen guten Rat: Schließe dich uns an!«

So wurde aus dem hochdekorierten Vaterlandsverteidiger ein zu allem entschlossener Volksbeschützer. Im Frühjahr 1932 ließ Ritzler sich als Mitglied einer gewissen NSDAP, der Nationalsozialistischen Deutschen Arbeiterpartei, einschreiben. Damit war er nicht mehr nur Frontkamerad, sondern auch noch Parteigenosse – ja, er galt sogar, wenn auch nicht gleich offiziell, sondern sozusagen geheim, als »Leiter der Ortsgruppe Maulen«. Von da an erklärte er überall, ob man es nun hören wollte oder nicht, daß er seinen Führer Adolf Hitler verehre. Manchmal redete er sogar von Liebe zu ihm – wohl vor allem deshalb, weil auch Hitler, genau wie er, Gefreiter gewesen war und außerdem, genau wie er, das EK I trug. Voller Stolz. So etwas verbindet ohne Zweifel.

Jetzt spürte Ritzler, daß ihm eine große Aufgabe erwachsen war. Überall in Maulen und Umgebung versuchte er für die NSDAP zu werben. Sobald er täglich seine Post ausgetragen hatte, was sich ja in wenigen Stunden erledigen ließ, nutzte er die verbliebene Zeit, um nach völkischen Gesinnungskameraden Ausschau zu halten. Eines seiner Opfer war Horst-Heinz Kroger, der Sohn des Gendarmen.

Kroger hockte gerade auf der Kirchenmauer, die das Gotteshaus und den dazugehörigen Friedhof umgab. Er hatte wie immer viel Freizeit, denn seine Schularbeiten erledigte er jedesmal lässig mit linker Hand. Im Augenblick beobachtete er voller Interesse eine Anzahl männlicher Hunde; sie umlagerten die offensichtlich schon wieder einmal läufige Hündin des Pfarrers. Die Rüden waren fast alle seltsame Mischlinge – vom Dackelpinscher bis zum Bulldoggenbernhardiner. Von Rasse konnte man da also keinesfalls sprechen, was jedoch nicht im geringsten die Liebe der Maulener Einwohner zu »ihren« Hunden störte.

Ritzler zwinkerte dem Jüngling vertraulich zu und meinte: »Du bist schon ein toller Bursche. Solche Kerle wie dich mag ich.«

»So?« entgegnete Kroger vorsichtig, wenn auch nicht direkt ablehnend. »Warum denn?« Ostpreußen, auch halbwüchsige, konnten verdammt mißtrauisch sein, besonders wenn sie das Gefühl hatten, daß jemand ihnen Honig ums Maul zu schmieren versuchte.

»Weil ich weiß, was ihr euch da mit der Sau in der Kirche geleistet habt – du und dein Freund.«

»Das ist doch lediglich eine Vermutung«, entgegnete Kroger. »Oder können Sie das unter Beweis stellen?« Der hellwache Junge verwendete Wortgebilde aus der Polizeisprache, wie er sie von seinem Vater, dem Gendarmen, gehört hatte.

»Das könnte ich sehr wohl beweisen – doch warum sollte ich? Jedenfalls habe ich gesehen, wie dein Freund Waldemar«, er meinte den jüngsten Sohn des Pfarrers, »die Sau in die Kirche hineingetrieben hat. Ich finde das, wie gesagt, prima.«

»Und wieso finden Sie das prima, Herr Ritzler?«

»Weil ich ein bewußt denkender deutscher Mensch bin und es begrüße, wenn jemand – noch dazu junge Menschen wie ihr – nach dem gesunden Volksempfinden handelt. Den Leuten, die nicht auf dem Boden des Volkes stehen und in nebulöse Hirngespinste flüchten, muß endlich einmal klargemacht werden, was von ihnen zu halten ist. Sie schwächen unsere nationale Kraft. Das habt ihr erkannt, und deshalb fühle ich mich euch verbunden. Wir gehören zusammen, und es wäre schön, wenn wir in Zukunft gemeinsam handeln würden. Wärt ihr dazu bereit?«

»Wie meinen Sie das, Herr Ritzler? Wie soll das vor sich gehen?«

»Meine Partei, die nationale Bewegung der Zukunft, braucht engagierte, idealistische Mitarbeiter. Kämpfer für Blut und Boden, Volk und Vaterland. Das Allerbeste ist gerade gut genug. Ihr könnt zu unserer festverschworenen Gemeinschaft gehören, wenn ihr nur wollt.«

»Und welche Möglichkeiten würden sich für uns daraus ergeben?«

»Unbegrenzte Möglichkeiten sehe ich da. Ihr könntet euch innerhalb unserer Organisation als Hitlerjugend organisieren, und du könntest der örtliche HJ-Führer werden. Da gäbe es sogar finanzielle Zuwendungen für Uniformen und Propagandamaterial, eventuell sogar für ein Heim, in dem ihr eure Treffen veranstalten könntet. Na, wäre das nichts?«

Der kleine Kroger mit dem großen Verstand staunte.

Er staunte sozusagen Bauklötze. »Muß ich sofort darauf antworten?« fragte er vorsichtig.

»Aber nicht doch, mein junger Freund! Ich habe dir mein Angebot gemacht und kann warten. Natürlich nicht zu lange! Denn unsere große Stunde wird bald kommen, und dann müssen wir gerüstet sein. Ihr werdet mir noch Dank dafür wissen, daß ihr mitmachen dürft. Die Hauptsache ist, daß ihr richtig spurt.«

»Wenn wir etwas in die Wege leiten, dann mit voller Kraft und ohne Rücksicht«, erklärte Horst-Heinz Kroger nahezu großspurig. »Sie müssen uns nur auf unsere Weise gewähren lassen.«

Damit bewies dieses schmale Kerlchen mit dem blaßblauen Blick, den etwas abstehenden Ohren und der kindlichen Stimme, daß in ihm ein schon ziemlich ausgewachsener Ostpreuße steckte. Von ihm durfte man da wohl noch allerlei erwarten. Und diese Erwartungen erfüllten sich dann auch.

# 3.
# Ein Feuerwassermacher
# Oder:
# Saufen schützt
# vor Torheit nicht

*»Vor jedem Schnaps ein Schnaps*
*und nach jedem Schnaps ein Schnaps –*
*so kommt man durch.«*

»Brenner« war seine offizielle Berufsbezeichnung. Er hieß Kaminski und lebte im Nachbardorf Sägefeld, knapp drei Kilometer von Maulen entfernt. Er arbeitete für einen der großen Gutsbesitzer dieser Gegend, einen gewissen Baron von Bernberg-Kreibel.

Die adligen Vorfahren des Herrn Barons waren bis zum Mittelalter nachweisbar. In Ostpreußen tauchte dieses edle Geschlecht allerdings erst Mitte des achtzehnten Jahrhunderts auf – religiöser Verfolgung wegen, mit gewiß stattlicher Reisekasse, aus dem Rheinland kommend.

Der Baron, ein Mann mit einem nahezu hoheitsvollen Selbstbewußtsein, war mit einer Frau Charlotte, Gräfin von der Wasserburg-Hohenaschau verheiratet. Sie hatte ihm drei Kinder geschenkt, von denen jedoch zum Leidwesen des Vaters nur ein einziges männlichen Geschlechts war. Dieser hochadlige Knabe, von den Einwohnern hinter dem Rücken des Vaters heimlich als »Baron-Bamsen« bezeichnet, trat schon als Halbwüchsiger höchst standesgemäß in Erscheinung, kuschte Hunde und Menschen, sobald es dazu Gelegenheit gab; auch verwandelte er, hoch zu Roß, sanfte grüne Wiesen in Pferderennbahnen.

Veranstaltete der Herr Baron von Bernberg-Kreibel ein Fest – etwa zu seinem Geburtstag am 5. Mai oder zum Geburtstag seiner »gnädigen Frau Gemahlin« Charlotte am 2. Dezember –, dann saß zu seiner Rechten jedesmal kein geringerer als Major Wehrenalp, der Mann mit den großen Beziehungen und einem jedenfalls in Ostpreußen erheblichen politischen Einfluß. Je nach Bedeutung wurden alle übrigen Gäste am Tisch plaziert. Pfarrer Bachus etwa, als Vertreter Gottes und der Kirche selbstverständlich mit zu Gast gebeten, wurde ein Sitz am unteren Ende der Tafel zugewiesen. Von hier aus durfte er seine unvermeidliche Ansprache halten und die Feier auf die ihm eigene Weise würdigen.

Zum Besitz des Barons gehörten bemerkenswerte Unternehmungen, zum Beispiel eine Forstmeisterei mit großem Wildbestand, ein Sägewerk, zwei Großstallungen mit prächtigen Kühen und fleißig Eier produzierenden Hühnern – 800 Liter beste Milch und 200 großformatige Eier waren die durchschnittliche Tagesproduktion. Doch das Glanzstück aller seiner Betriebe war die Brennerei.

Diese Brennerei war, wie gesagt, dem Herrn Heinrich Kaminski anvertraut worden. Vor nunmehr acht Jahren hatte er sie übernommen, zielstrebig ausgebaut und zu staunenswerten Hochleistungen gebracht. Alles Unverkäufliche an Kartoffeln, Getreide und Rüben aus Sägefeld, sowie der näheren und weiteren Umgebung, konnte hier zu hochprozentigen Alkoholdestillaten verarbeitet werden, die man nach offizieller Lesart für medizinische Zwecke benötigte.

Doch eben an diese offizielle Lesart hielt sich Herr Kaminski nur zum Teil. Er war kein Kind von Traurigkeit und erkannte schnell, daß gefilterter Alkohol in Ostpreußen – und nicht nur dort – unter der Bezeichnung Schnaps als vielbegehrtes Lebenselexier geschätzt wurde. Mit augenzwinkernder Fröhlichkeit bezeichneten es die stillen Genießer als »Magentröster« – der guten Verdauung wegen, besonders nach einem fetten Essen. Aber es konnte, zumal in der kalten Jahreszeit, auch ganz allgemein als »Magenwärmer« von Nutzen sein.

Kaminski hielt diese Bedürfnisse seiner lieben Mitmenschen für durchaus gerechtfertigt und sah es als gute Tat an, sie nach bestem Können zu befriedigen. Daß er, abgesehen davon, einen ständig zunehmenden Eigenbedarf hatte, verstand sich am Rande.

Ohne Kaminski war schon bald keine festliche Veranstaltung in Maulen oder Umgebung mehr denkbar. Denn es waren die jeweils von ihm mitgebrachten Flaschen, die alle Beteiligten erst so recht in Stimmung versetzten, gemäß dem Motto der Feuerwehr: »Wozu ist ein Brand da? Um gelöscht zu werden!«

Außerordentlich bemerkenswert war, daß es sich bei Heinrich Kaminski ganz ohne Zweifel um einen Meister seines Fachs handelte, dem unter anderen Voraussetzungen gewiß einige internationale Auszeichnungen zuteil geworden wären. Er zauberte nämlich aus den hochgradigen Alkoholdestillaten die wundersamsten vierzigprozentigen Kreationen. Da gab es zum Beispiel einen mit Wacholderbeeren und Kümmel nur leicht aromatisierten »Großen Klaren«, der den allerbesten Wodka glatt zu einem sanften Wässerchen degradierte. Und »für unsere lieben Frauen« hatte er sich ein vielbegehrtes Spezialgetränk einfallen lassen, zusammengebraut unter der Verwendung von Eidotter, Kaffeebohnen und reinem Lindenblütenhonig; angeboten unter dem Namen »Ostpreußenblume«. Selbst gestandene Männer, die sonst nur für das Harte waren, lechzten danach.

Diese und noch andere Sorten gab es auch wieder zum traditionellen »Sommernachtsfest« anläßlich der Sommersonnenwende. Veranstalter war die unternehmungslustige Freiwillige Feuerwehr. Ort des Geschehens: der Garten des Gemeindehauses von Maulen. Um diese Zeit waren die ostpreußischen Nächte wie durchflutet von nachglühenden Tagestemperaturen, so daß volltrunkene Festteilnehmer mit einem glücklichen Lächeln auf den Lippen hinter einer Hecke oder im Straßengraben unbeschadet ihren Rausch ausschlafen konnten – einige waren sogar unversehens im Dorfteich gelandet, umschnattert von aufgeregten Enten.

Man hatte alles ebenso einfach wie zweckmäßig hergerichtet, Holztische und Lattenbänke aufgestellt, Lampions zwischen die Bäume gehängt. Für die kleine und große Notdurft gab es dicht beim angrenzenden Grundstück des Schusters eine leicht wieder abzubauende Gemeinschaftslatrine. Und auf einem massiv zusammengezimmerten Podium inmitten des Festplatzes musizierte die Blaskapelle der Vereinigten Feuerwehren, zunächst schwungvoll dirigiert von Hauptlehrer Sandmann, später dann dem Taktstock des immer hilfsbereiten Junglehrers Lupin überlassen.

Kaminski, bei seiner Ankunft dank der bereits sehnlichst erwarteten Schnapsflaschen überaus freudig begrüßt, war mit Familie erschienen, um die er sich allerdings kaum kümmerte. Ihm schien nämlich sein Eigengebräu wichtiger als Frau und Kinder. Wie bei allen bisherigen Festen dauerte es auch diesmal nicht lange, bis Kaminski sich infolge allzu unkontrollierten Alkoholkonsums in einen Trottel verwandelte, eine seiner Schnapsflaschen schwang und im Stechschritt grölend herummarschierte, bis man ihn gezwungenermaßen lallend abschleppte.

Den Leuten von Maulen und der umliegenden Ortschaften erschien es einfach unbegreiflich, daß dieser unbeherrschte Mann es fertiggebracht hatte, eine Frau von wesentlich anderem Format zu ergattern. Frau Hermine Kaminski war nicht nur von einer wohltuend unauffälligen Schönheit, sondern wirkte auch durch beruhigende Gelassenheit und liebenswürdig mildes Gemüt. Sie sei eine prächtige Kaltblutstute, meinten die ortsansässigen Bauern – und das war nicht etwa eine Beleidigung, sondern in diesem gesegneten Land der naturnahen bäuerlichen Menschen ein besonderes Kompliment.

Sie blieb selbst dann noch besonnen und gefaßt, wenn ihr Mann im besoffenen Zustand lauthals liederliche Lieder zum besten gab und etwa sang:

»Ich bin ein Preuße, kennt ihr meine Farben,
ich scheiße dennoch nicht gleich schwarz und weiß . . .«

Oder:

»Ein Hoch, ein dreifach Hoch dem guten deutschen Kaiser,
doch wohin, na wohin, hat der sich denn verkrochen . . .«

Ihr würdevolles Beispiel bewirkte, daß auch die übrigen Anwesenden Kaminskis Verhalten gelassen hinnahmen – zumal dann, wenn Major Wehrenalp nicht mehr da war. Sogar der Gendarm Kroger ließ sich durch derartige Ausfälle nicht weiter stören, sondern brummte lediglich, wenn man ihn auf Kaminski aufmerksam machte: »Der läßt bloß Dampf ab, der schleimt sich aus. So was braucht der Mensch ab und zu, und so was kann man bei uns machen, solange nicht edlere Gefühle verletzt werden.«

Nicht nur seinen Schnapsflaschen also hatte es der Suffkopp Kaminski zu verdanken, daß man ihn gewähren ließ, sondern auch seiner ansehnlichen Ehefrau Hermine – und seinen ebenso außergewöhnlichen Töchtern. Es waren deren zwei.

Die ältere Tochter Lydia, gerade achtzehn geworden, durfte als ein verblüffendes, wenngleich verjüngtes Ebenbild ihrer stattlichen Mutter gelten. Von wohlproportionierter Gestalt und rassiger Eigenart, strahlte sie mit ihrem wiegenden Gang verständnisvolle Freundlichkeit aus. Oder, wie die Bauern sagten: Sie leuchtete sanft wie ein Getreidefeld im frühen Sonnenlicht unmittelbar vor der Ernte.

Erika, die zweite Tochter, fünfzehn Jahre alt, wirkte dagegen wie ein Wesen aus einer anderen Welt. Eine Art preußisch-ostische Undine vom dunklen Reiz eines wolkenverhangenen Mondes. Mit großen fragenden Augen, die an ferne Leuchtturmlichter erinnerten. Wenn sie in den Straßen oder bei einem Fest auftauchte, wurde sie mit fast andächtigem Wohlgefallen bestaunt. Die Familie Kaminski war damit aber keinesfalls vollzählig. Es gab noch einen Sohn, Konrad, vierzehn Jahre alt. Er sah sehr kindlich aus; es schien, als wollte er vor dem Älterwerden fliehen. Doch in seiner Seele wucherte eine ruhelose Neugier; sie bedrängte ihn mit Fragen seltsamster Art, die ihm niemand beantworten konnte. So lauerte er auf irgend etwas und wußte nicht, worauf.

Offenbar kam er sich vor, als sei er unbarmherzigen Mächten ausgeliefert – gerade, weil niemand sich für ihn zu interessieren vorgab und keiner sich mit ihm unterhielt. Nicht einmal einen gelegentlichen Spielgefährten fand er – schon gar nicht unter den Baronsbamsen, in deren Nähe er wohnte. Und sein Lehrer in der Zwergschule von Sägefeld, wo sechs Klassen in einem Raum unterrichtet wurden, hatte geäußert: »Der Knabe Konrad weiß nicht, was er will. Der träumt vor sich hin. Das ist ein höchst unaufmerksamer Schüler.«

Allein gelassen, wütend, rachedurstig, unruhig und hilflos, stelzte Konrad jetzt über den Festplatz, entdeckte schließlich den am Rande des Platzes hockenden Gendarmensohn Horst-Heinz Kroger und setzte sich unaufgefordert neben ihn, ohne dessen abweisendes Blinzeln zu beachten. Herausfordernd sagte er: »Was du kannst, kann ich schon lange!«

Krogers Neugier war stärker als seine Abneigung gegen eine Unterhaltung. »Was meinst du überhaupt?« fragte er.

»Das mit der Sau in der Kirche war gar nicht schlecht. Aber so was Ähnliches kann ich auch, wenn ich will. Von mir aus gleich hier und heute.«

»Übernimm dich nicht, mein Kleiner«, feixte Horst-Heinz. Diesem Jungchen gegenüber fühlte er sich ungemein überlegen. »Was hast du dir denn da vorgestellt?«

»Ich denke an die Leute, die hier den Ton angeben.«

»Du meinst die Blaskapelle? Die wird hier die ganze Nacht lang herumtönen, garantiert bis zum frühen Morgen. Und man kann nichts dagegen machen.« Als er Konrad lächeln sah, fügte er hinzu: »Oder etwa doch?«

Konrad wollte von Horst-Heinz als gleichberechtigter Kumpel anerkannt werden, er sehnte sich danach. Deshalb war er zu allen Taten und Untaten bereit. »Die Musiker müssen viele Stunden durchhalten und bekommen – abgesehen von einer kleinen Stimmungsförderung am Beginn des Abends – keinen Alkohol zum Trinken. Wenn ich ihnen aber einige Flaschen meines Alten zukommen lasse, werden sie noch vor Mitternacht außer Gefecht gesetzt sein – und damit ist dieses Fest garantiert im Eimer.«

Gesagt, getan. Heimlich schmuggelte er die höchst wirksam zusammengebrauten Spezialschnäpse seines Vaters Heinrich Kaminski, in großen Gläsern als Limonade oder Mineralwasser getarnt, in die Hände der vereinigten Blasmusiker. Die Herren waren zwar zunächst äußerst überrascht, als sie die gefährliche Flüssigkeit tranken, zeigten sich aber dann sehr angetan und wurden sichtlich immer fröhlicher.

Das sah man nicht nur, man hörte es auch: Die Musik nahm an Lautstärke zu, manche der künstlerisch geordneten Töne gerieten durcheinander und hatten plötzlich große Ähnlichkeit mit der Melodie des Deutschlandliedes. Offensichtlich fanden die Musiker zunehmend Gefallen an der Nationalhymne, denn sie intonierten nun drei Strophen von »Deutschland, Deutschland über alles« im Foxtrott-Rhythmus. Einige Zuschauer applaudierten, einige fingen an zu tanzen, und einige sangen stehend mit.

Gendarm Kroger, auf diese Merkwürdigkeiten angesprochen, beruhigte die nationalbewußten Festteilnehmer: »Die Leute tanzen und singen und sind glücklich und freuen sich – das ist doch wohl die Hauptsache!«

Der überraschende Erfolg animierte die trunkenen Musikanten zu immer ausgefalleneren Leistungen. Sie spielten jetzt mit weiteren bekannten Weisen wie »Ich bin ein Preuße« oder »Die Wacht am Rhein« zum Tanz auf, und ein Ende wäre kaum abzusehen gewesen, hätten die Kaminski-Destillate nicht auch andere, weit unangenehmere Wirkungen zur Folge gehabt:

Der Trompeter der Blaskapelle war der erste, der sich übergeben mußte, und verschwand hinter einer Hecke. Der Posaunist lief ihm, ohne sich weiter um sein Instrument zu kümmern, mit merkwürdiger Eile nach. Und als dann auch noch der Klarinettist mit den deutlich gelallten Worten: »Ihr könnt mich mal alle!« auf die Bretter des Musikpodiums niedersank, um dort blöde lächelnd einzuschlafen, da kannte das Vergnügen der Zuschauer keine Grenzen mehr und entlud sich in einem lebhaften Applaus, den schließlich nur noch der Mann an der Pauke mit einem dumpf verinnerlichten Blick entgegennehmen konnte – er war als einziger übriggeblieben.

»Mensch, du bist ja eine Wucht!« sagte Horst-Heinz Kroger und gab dem Knaben Konrad die Hand: »Ab sofort biete ich dir meine Freunschaft an. Du bist begabt. Ich bin gespannt, was wir beide zusammen alles anfangen können!«

Dies war der ungemein vielversprechende Anfang einer seltsamen Kumpanei zweier Vierzehnjähriger, an der dann auch noch Waldemar, der Sohn des Pfarrers, beteiligt wurde.

Hand in Hand standen Horst-Heinz und Konrad auf dem Festplatz von Maulen, nickten sich glücklich zu und beobachteten freudig erregt, wie die Leute vor dem Musikpodium gröhlten und sich vergnügt auf die Schenkel schlugen.

Bis die Maulener Bürger nach einer Viertelstunde erkennen mußten, daß durch den Ausfall der Blaskapelle dieses Fest so gut wie beendet war. Nicht wie sonst in den Morgenstunden, sondern bereits kurz nach Mitternacht.

Die Fröhlichkeit schlug um in Ernüchterung, in Ärger, in Zorn. Der viel zu schnelle Schluß des so hoffnungsvoll begonnenen Festes stank ihnen mächtig, erboste sie gewaltig, machte sie höchst unwillig. Lautstark empörten sie sich. »Eine Schweinerei!« riefen sie. »Wem haben wir das zu verdanken? Wo ist der Kerl? Der Gendarm soll diesen Fall klären. Jawoll, der Gendarm!«

Doch Gendarm Kroger war mit dieser Aufgabe natürlich weit überfordert. Er hatte ohnehin schon eine Menge Ärger am Hals. Und es sollte noch viel schlimmer kommen.

# 4.
# Ein Mann der Gerechtigkeit Oder: Was blüht, darf nicht zertrampelt werden

*»Ich bin dagegen –*
*auch ohne Gründe.*
*Weil ich dagegen sein muß.«*

Kroger, der Gendarm von Maulen, war mit seinen 190 Zentimetern Größe und seinen erstaunlich breiten Schultern ein durchaus stattliches Mannsbild. Manche sagten, er gliche einem Elefanten. Dies ließ sich sowohl auf seine überschüssige Kraft als auch auf seine meist gemütliche Gelassenheit beziehen. Wenn er sich herausgefordert fühlte, konnte er allerdings auch energisch werden.

Angeblich Witwer, war er 1930 nach Maulen versetzt worden; der sechsten - und wie sich dann zeigte: der letzten - Station seines ostpreußischen Polizeilebens.

Zusammen mit seinem Sohn Horst-Heinz bezog er unmittelbar gegenüber der Kirche - was ihn keineswegs zu stören schien - eine sogenannte Dienstwohnung im Gemeindehaus. In diesem Gebäude befand sich auch der Versammlungsraum und Vergnügungssaal.

Kroger zeigte Gefühle und entwickelte Talente, die man auf den ersten Blick nicht ohne weiteres bei ihm erwartet hätte. Vor allem war er tierlieb und freute sich über Kinder. Hunde, Katzen und Bamsen wurden von ihm beschützt und betreut, wo immer sie auftauchten.

Darüber hinaus war er auch in der Welt der erwachsenen Menschen stets auf Ausgleich und Schlichtung bedacht. Wurde etwa von irgend jemandem in Maulen oder Umgebung Anzeige erstattet, reagierte er zurückhaltend und ausgleichend. »Wozu soll das gut sein?« winkte er ab. »Wem nutzt das? Was glaubt ihr damit zu erreichen?« Prozesse hielt er für ziemlich sinnlos. Da kam nur selten was heraus. Außerdem verursachten sie

Kosten und zementierten Feindschaften. Nein, verständigen mußte man sich, aufeinander zugehen, um Verständnis werben. Verstehen hieß auch verzeihen.

Manche fürchteten Krogers Schlichtungsmethoden, doch es gab kaum jemanden, der ihn nicht respektiert hätte. Als besonders erfreulich kam noch hinzu, daß er umfangreichen Schriftwechsel, das Hin und Her von Akten, aus ganzem Herzen verabscheute. So brachte er die jeweiligen Streithammel einfach höchstpersönlich zusammen, redete ihnen gut zu, bearbeitete sie – mal einzeln, mal gemeinsam; mal ausführlich, mal kurz und kräftig – und begnügte sich nach der Einigung mit einer prägnanten Notiz wie: »Anzeige wird zurückgezogen.« Oder: »Verfahren ist einzustellen; ein entsprechendes Ersuchen der Parteien liegt vor.« Oder: »Vorgang beruhte auf einem inzwischen eingestandenen Irrtum.«

Auf solche Weise wurden Unstimmigkeiten, Auseinandersetzungen, aufflackernde Feindschaften oder Schlägereien derart schnell und wirksam im Keime erstickt, beendet, bereinigt, daß es aussah, als sei Maulen ein märchenhaftes Dorf des Friedens. Diesen Eindruck hatten auch Krogers Vorgesetzte. Und deshalb schätzten sie ihn.

Daß der Gendarm tatsächlich kein Papiertiger, sondern ein entschlossener Mann war, bewies sein Verhalten bei Wirtshausschlägereien. Vor seiner Zeit in Maulen endeten dergleichen Scharmützel zumeist damit, daß Einrichtungsgegenstände zertrümmert wurden und mancher Teilnehmer auch unsanfte Schläge auf den Schädel bekam – wobei es festgehalten zu werden verdient, daß ein echter ostpreußischer Quadratschädel, auch »Dickkopp« genannt, erstaunlich viel aushielt – weit mehr, so behauptete man, als ein solide gezimmertes Gebrauchsmöbel.

Weshalb es überhaupt zu solchen Streitereien kam,

das hätte niemand recht zu sagen gewußt. Da spielten mannigfache Gründe mit. So brauchte nur einer ein schmähliches Wort über das deutsche Vaterland zu verlieren oder auf den lieben Herrgott zu schimpfen oder ein schlecht eingeschenktes Bier zu kritisieren oder eine böse Bemerkung über die Frauen zu machen oder seinem Nachbarn eine »dämliche Visage« anzudichten – schon flogen die Fetzen.

Gendarm Kroger war darauf aus, Handgreiflichkeiten bereits in den allerersten Ansätzen zu unterbinden – für kühle Beobachter eine einzigartige Spezialdarbietung. Möglich wurde das nur durch Krogers gute Zusammenarbeit mit den Gastwirten, deren es zwei in Maulen, drei weitere in der nächsten Umgebung gab.

Man hatte sich so geeinigt: Sobald einer der Bier- und Schnapsverwalter in seiner Kneipe einen »Stunk« witterte – zu spüren, ob was »in der Luft lag«, gehörte ja zum Berufsinstinkt –, verständigte er den Gendarm auf schnellstem Wege. Dann radelte Kroger geradezu tatendurstig herbei. In vielen Fällen war er dank seines guten Riechers ohnehin schon zur Stelle.

Dann stand er mit seinem stattlichen Gewicht breitbeinig an der Theke, schlürfte ein Bierchen und kippte zwei oder drei Schnäpschen in sich hinein. Den ansonsten von Polizisten feierlich proklamierten Grundsatz »Kein Alkohol während der Dienstzeit!« hielt er für unsinnig. Als Ostpreuße konnte er ohnehin eine ganze Menge davon vertragen.

Er stand also da und wartete ab, äußerlich ruhig, aber innerlich gespannt. Wie ein Rennpferd kurz vor dem Start. Bis es soweit war, die Gegner sich formierten, erste Stühle auseinandernahmen, sich lauthals beschimpften und aufeinander losgehen wollten. Ehe jedoch die Dreschflegelkerle, Stuhlbeine schwingend, in die entscheidende Aktion treten konnten, stürzte sich Kroger blitzschnell dazwischen, preschte gleich einem Rammbock auf sie zu und trennte sie wirkungsvoll. So daß sie sich schnaufend und staunend in ihren alten Ekken wiederfanden und gar nicht wußten, was ihnen eigentlich geschehen war.

Solch ein Unternehmungsgeist und solch eine Kraft imponierten den Einwohnern von Maulen, und sie reagierten geradezu dankbar. Selbst für die härtesten und rücksichtslosesten Schläger war Kroger alsbald »ihr Mann«. Doch diese Verbrüderung im Geiste erwies sich schon sehr bald als voreilig – denn was wirklich in diesem Gendarm steckte, sollte erst noch zum Vorschein kommen.

Mit staunendem Kopfschütteln wurde registriert, daß der Gendarm Kroger offensichtlich eine Vorliebe für die polnische Sprache entwickelte. Wohlwollende Mitbürger legten dies dahingehend aus, daß der Hüter des Gesetzes auf seine Weise der polnischen Minderheit sein Verständnis zum Ausdruck bringen und seine Hilfsbereitschaft signalisieren wollte. Man hielt das zwar für verrückt, aber die Polen waren nun mal da – wenn sie auch nur zwei oder drei Prozent der Bevölkerung ausmachten.

Und schließlich konnte jeder tun, wozu er aufgelegt und lustig war, solange er keinem anderen damit irgendwie in die Quere kam.

In Wahrheit steckte hinter Krogers Sprachstudien etwas ganz anderes; nach und nach kamen einige besonders hellhörige Maulener dahinter: Es ging um die Witwe Marunke.

Mit Vornamen hieß sie Maria, war eine geborene Rozelski und stammte aus dem Raum von Krakau. Vor etlichen Jahren war sie zur Erntezeit nach Maulen verschlagen worden, hatte als frühzeitig erblühte Jungfrau den Bauern Marunke entzückt und war von ihm geheiratet worden.

Doch Marunke, Besitzer eines der stattlichsten Bauernhöfe im Süden von Maulen, mit dichten Wäldern, breiten Wiesen und weiten Getreidefeldern, ertrank wenige Jahre danach. Unter welchen Umständen er ersoff, wie das Ganze passierte, war niemals genau festzustellen. Jedenfalls erbte Maria diesen einzigartigen Besitz – sie, eine Polin! Mochte sie auch noch so gut aussehen: sie war eine Fremde. Und sie war dem stattlichen Erbe nicht gewachsen.

Wo die Not am größten, ist Hilfe nah. Kein anderer als Gendarm Kroger entpuppte sich als Betreuer und Beschützer der Witwe Marunke. Während seiner Freizeit, die er sich selbst zuzumessen pflegte, verwandelte sich der Gendarm in einen durchaus tüchtigen Bauern; er pflügte und mähte, er säte aus und erntete. Und auch das Vieh blühte unter seiner sachgerechten Pflege sichtbar auf.

Im Mai 1933 fand dann eine der unvergeßlichsten Hochzeiten dieses Landes statt.

Zunächst jedoch regten andere Vorkommnisse die einheimischen Gemüter auf. Es kam zu einem regelrechten Aufstand der Bevölkerung. Im Februar 1933 traf ein amtlicher Bescheid des Kreistierarztes ein, der lapidar besagte, daß im Gebiet von Maulen Verdacht auf Tollwut bestehe.

Da es ein Hund war, der dieser Seuche offensichtlich als erster zum Opfer fiel, sollten alle Hunde beseitigt werden. Ausgerottet. Samt und sonders. Ohne jede Ausnahme. Zuständig und verantwortlich dafür war das amtierende Polizeiorgan von Maulen – der Gendarm Kroger.

»So ein hirnverbrannter Unsinn!« regte sich Kroger auf. »Das mache ich nicht mit!« Und dabei blieb er. Er weigerte sich, klipp und klar, eine Hundejagd zu veranstalten.

Das sprach sich schnell im Dorf herum, und die Leute von Maulen waren wieder einmal von ihrem Gendarm beeindruckt. Mehr noch: Sie schlossen sich seiner Meinung an, protestierten ebenfalls gegen den »hirnverbrannten Unsinn« und erhielten sogar allerhöchste Unterstützung durch Major Wehrenalp, der an seinen treuen grauschwarzen Schäferhund Tyras dachte und empört ausrief: »Wer versuchen sollte, Hand an meinen Tyras zu legen, den puste ich auf der Stelle um – mit meiner Schrotflinte!«

Dem Kreistierarzt, einem Genossen der »Nationalsozialistischen Deutschen Arbeiterpartei«, blieb nichts anderes übrig, als sich mit der Bitte um Amtshilfe an seinen Kreisleiter zu wenden, der seinerseits Kroger anrief und dem Gendarm höchstpersönlich erklärte: »Mann, Ihr Verhalten ist unmöglich! Befehlsverweigerung ist das! Begreifen Sie denn nicht, worum es hier geht? Wer sich weigert, Schaden von unserer Volksgemeinschaft fernzuhalten, macht sich mitschuldig. Sie riskieren Kopf und Kragen, ich warne Sie!«

»Na, wenn schon!« entgegnete Kroger. Auf solch plumpe Weise war er nicht umzustimmen. Durch seine Sturheit schenkte er den Maulener Mitbürgern und ihren Hunden einen ganzen Tag, den sie zur Rettung der bedrohten Kreaturen nutzen konnten. Auf wundersame Weise waren die Hunde über Nacht aus dem Ortsbild verschwunden. Man hatte sie in Kellern, Schuppen oder Scheunen versteckt oder in den nahen Wald verbracht, wo nach einem gemeinsam erdachten Plan deren Verpflegung organisiert wurde.

Als dann eine von der Kreisleitung angeforderte »Vollzugs-Kommission« in Maulen eintraf, vermochte sie nur noch zu melden: Dieses Dorf ist hundefrei!

Sosehr die Maulener Bürger den Triumph heimlich genossen, so wenig vermochte Gendarm Kroger sich zu freuen. Er ahnte weitere Komplikationen und sollte mit dieser Ahnung genau richtig liegen. Von seinem direkten Vorgesetzten, einem Hauptmann der Gendarmerie, bekam er einen Auftrag, der ihm zu schaffen machte: »Zu Ihrem Dienstbereich gehört ein gewisser Wondraschek, Schuster in Maulen. Er ist zum wiederholten Male als Unruhestifter und Volksschädling gemeldet worden. Gehen Sie der Sache umgehend nach. Möglicherweise könnte eine Einlieferung dieses Menschen in eine Heil- und Pflegeanstalt angebracht sein.«

Offensichtlich meinte er damit das landesbekannte Irrenhaus Kortau bei Allenstein, über das schon die Kinder in einem Vers lästerten: »Bist du nicht mehr so ganz normal, kommst du ins Kortau-Hospital!«

Da Kroger die Einheimischen besser kannte als jeder andere, wagte er es, im Falle Wondraschek zu protestieren: »Der Schuster ist zwar ein Mensch, der gern aus der Reihe tanzt, und er hat sich hier und da vielleicht unbeliebt gemacht – aber die Vermutung, daß er geistesgestört sei, erscheint mir völlig abwegig. Ich sehe deshalb keine Möglichkeit, gegen ihn in irgendeiner Form einzuschreiten.«

»Zu den Beschwerdeführern gehört auch der Pfarrer von Maulen; das sollte Ihnen zu denken geben, Kroger!« entgegnete der Hauptmann. »Ich empfehle Ihnen dringend, Ihre Haltung in dieser Angelegenheit zu überdenken.«

Kroger war jedoch nicht umzustimmen. Obwohl er die Abneigung von Pfarrer Bachus gegen den Schuster verstehen konnte, schien es ihm doch verwunderlich, daß sich der Kirchenmann bei der Behörde über ihn beschwert hatte. Hier waren Überlegungen im Spiel, denen er sich nicht anschließen wollte. »Ich danke für Ihren Ratschlag«, meinte er hinhaltend, »und werde mich damit auseinandersetzen.«

»Machen Sie doch nicht immer unnötige Schwierigkeiten, Mensch, Kollege Kroger!« rief der Hauptmann eindringlich. »Das sollte kein Ratschlag sein – das war eine Warnung.«

# 5.
# Noch einer, der Gott zu kennen glaubt Oder: Die Sehnsucht nach Erlösung ist grenzenlos

*»Schweine suhlen sich gerne in ihrem Dreck.*
*Was jedoch ein Irrtum ist –*
*das tun sie nur,*
*wenn ihnen nichts anderes geboten wird.«*

Wondraschek hieß mit Vornamen eigentlich Gustav, nannte sich jedoch Christopher - nach jenem Heiligen und Märtyrer Christophorus, der einst das Jesuskind über einen Fluß getragen haben soll. Er wollte damit andeuten, mit welcher Intensität er nach der Nähe Gottes suchte. Für viele Einwohner Maulens galt er jedoch als »der Schandfleck des Dorfes«, und sie duldeten ihn widerwillig nur, weil er als Handwerker, als Schuhmachermeister, unentbehrlich war.

Er beherrschte sein Metier nämlich in geradezu unvergleichlicher Weise. Er konnte nicht nur Schuhe besohlen, aufgeplatztes Leder vernähen, alte ausgelatschte Treter in wieder gut verwendbare Fußbekleidungen verwandeln - sondern er fertigte auch neue Feld-, Wald- und Reitstiefel von einwandfreier Qualität.

Doch damit waren seine vielseitigen Fähigkeiten noch nicht erschöpft. Er beherrschte auch das Sattlerhandwerk, konnte Zaumzeug, Zug- und Schleppgeräte für Pferde- und Ochsengespanne anfertigen oder Halsbänder für Hunde. Überdies war er ein perfekter Seiler; er lieferte oder reparierte jede Sorte von Taugeflechten.

Aber er suchte sich seine Kunden aus. Keinesfalls bediente er einfach jeden, der gerade daherkam. Man mußte ihm schon sympathisch sein, wenn man etwas von ihm wollte. Als zum Beispiel in der Kirche ein Glockenstrang riß und Pfarrer Bachus Reparatur begehrte, lehnte Wondraschek rundheraus ab mit den tiefsinnigen Worten: »Ich will und kann unserem

Herrn nicht ins Handwerk pfuschen. Wenn er es nicht gewollt hat, daß die große Glocke läutet, dann wird er dafür seine Gründe haben – und ich kann mir durchaus vorstellen, welche Gründe das sind.«

Auch weigerte er sich beharrlich, für Major Wehrenalp und die anderen reichen Gutsbesitzer Sättel zu liefern oder zu reparieren. »Mit dem, was die unter ihre dicken Hintern klemmen, will ich nichts zu tun haben«, erklärte er abweisend und erntete für diese Worte von manchem Maulener Mitbürger verständnisvolles Augenzwinkern.

Der eigenwillige, um nicht zu sagen eigensinnige Schuster lebte allein und einsam in einem kleinen Haus – halb Werkstatt, halb Wohnraum, wirkte es innen mehr wie eine Höhle –, das mitten im Dorf stand, der Kirche direkt gegenüber, flankiert von Gemeindegebäude und Wirtshaus. Wondrascheks Frau war jung gestorben, Kinder hatte er keine; und falls es Verwandte gab, so kannte er sie nicht und wollte sie auch gar nicht kennenlernen.

Die Frau war im Maulensee ertrunken. Der »Wassermann« habe sich an ihr vergriffen, hatte es geheißen. Und seit damals war Wondraschek recht wunderlich geworden und entwickelte eine ungewöhnliche Einstellung gegenüber Gott. Er ließ sich einen Bart wachsen, wie er ihn auf zahlreichen biblischen Abbildungen erblickt hatte, und sang während der Arbeit alte Kirchenlieder mit neuen eigenen Texten. Von Zeit zu Zeit kniete er vor seinem Haus nieder und betete laut, bestaunt zunächst von ein paar neugierigen Kindern, später auch von einer Anzahl Frauen, die ihm begierig lauschten.

»Gott, der Herr, gehört uns allen!« rief er. »Niemand darf sich anmaßen, ihn für sich allein zu beanspruchen. Solches Verlangen ist Sünde. Denn Gottes Kraft wirkt in uns und um uns, neben uns und über uns. Glaubt an Gott, wie ihr an euch selber glaubt. Hört nicht auf die Sünder und Schwätzer, wer sie auch sein mögen und in welche Hallen und Häuser sie euch locken wollen. Wendet euch ab von denen, die sich im Besitz der Wahrheit wähnen und doch nur die falschen Wege kennen!«

Es war eindeutig, wen Christopher Wondraschek damit meinte, denn er rief seine Worte hinüber zur Kirche des Pfarrer Bachus. Durfte das noch länger geduldet werden? War es nicht an der Zeit, diese beängstigenden Vorfälle zu unterbinden?

Gendarm Kroger begab sich, um den Vorgesetzten gegenüber wenigstens seinen guten Willen zu zeigen, ins Pfarrhaus; er wollte das Terrain sondieren und die Angelegenheit möglichst friedlich beilegen. »Ich verstehe nicht«, sagte er zu Pfarrer Bachus, »was Sie gegen den Schuhmachermeister Wondraschek einzuwenden haben. Gewiß, er ist ein Spinner, das gebe ich zu – aber es ist doch übertrieben, wenn man behaupten wollte, sein Verhalten könnte für irgend jemanden gefährlich werden. Ich werde ihn ermahnen und hoffe, daß der Streitfall damit erledigt ist.«

Der Pfarrer schüttelte heftig den Kopf. »Damit ist es nicht getan, mein lieber Kroger. Erkennen Sie denn nicht, daß dieser unglückselige Mensch ein immerwährendes Element der Unruhe ist? Er verunsichert die christlichen Mitbürger mit Lügenparolen. So etwas dürfen wir, die wir Verantwortung tragen, nicht hinnehmen.«

»Übertreiben Sie da nicht ein bißchen, Herr Pfarrer? Spintisierer hat es bei uns schon immer gegeben, ob sie sich nun Teufelsaustreiber, Einsiedler, Wassersucher oder Regenmacher nannten. Der Wirbel, den sie veranstalteten, konnte nicht viel Schaden anstiften. Das haben wir alles verkraftet. Wer spricht heut noch davon?«

»Das war einmal, Herr Gendarm! Inzwischen ist eine andere Zeit angebrochen. Jetzt wird endlich wieder auf Ordnung und Disziplin Wert gelegt. Dazu gehört, daß die christliche Zuversicht und das Vertrauen in unsere Kirche nicht von böswilligen Randalierern untergraben wird – und genau dies ist es, was ich dem Wondraschek vorwerfen muß.«

»Und was ist mit der Gewissensfreiheit und der Glaubensfreiheit? Darauf sind wir doch stolz. Das ist sogar gesetzlich verankert. Und müssen wir nicht gerade hier in Ostpreußen die Freiheit hochhalten, die uns der Ostpreuße Immanuel Kant als Postulat der Vernunft geschenkt hat?«

»Sie haben sich mit Kant beschäftigt?« fragte der Pfarrer leicht befremdet.

»Ich kenne seine Bücher – fast alle«, sagte der Gendarm nicht ohne schlichten Stolz. »Der Professor in Königsberg war der Sohn eines Sattlers – wie Wondraschek einer ist. Wir können Wondraschek nicht aus persönlicher Willkür die menschliche Würde und die Freiheit des Handelns, Denkens und Glaubens einfach absprechen.«

»Von Willkür kann doch überhaupt keine Rede sein«, entgegnete Pfarrer Bachus empört. »Sie haben offensichtlich nicht bedacht, daß jeder Mensch ein Teil, ein Glied seines Volkes ist und damit auch dem Volk gegenüber verantwortlich. Was bedeutet schon der Einzelne ohne seine Erde, seine Heimat, sein Vaterland? Das ist ein göttlich gewollter Zusammenhang, eine unauflösliche Einheit. Aus diesem Schicksal ergeben sich Pflichten, denen sich keiner entziehen kann – Sie nicht, ich nicht und auch ein Wondraschek nicht. Wer nur an sich denkt und sein Volk schädigt, wer der Gesellschaft vielleicht gar den wahren Glauben nehmen, sie Gott entfremden will, der muß zur Ordnung gerufen, dem muß sehr nachdrücklich ins Gewissen geredet werden.«

Für Kroger war es keine allzu große Überraschung, daß sich der Pfarrer hier reichlich kleinkariert als »deutscher Christ« entpuppte. Der hatte schon immer den Kaiser und Hindenburg und Hugenberg in seine Gebete eingeschlossen. Sein Gott war ein deutscher Gott – jedenfalls in erster Linie. Möglicherweise würde er nun auch für diesen Hitler beten, dessen Leute sich auch hier in der Gegend immer unangenehmer bemerkbar machten.

»Wenn Sie als Gendarm nicht gegen Wondraschek einschreiten«, erklärte Pfarrer Bachus abschließend, »dann werden andere das erledigen – und vielleicht in einer Art, die weder Sie noch ich gewollt haben. Denken Sie darüber nach!«

Offenbar dachte er an Ritzler, diesen Postboten, der nunmehr auch offiziell zum hiesigen Ortsgruppenleiter der NSDAP ernannt worden war. Da Ritzler jedoch in Maulen und Umgebung nach wie vor mit der Übermacht der Deutschnationalen rechnen mußte, gab es für ihn nur einen Weg, um sich nach und nach gegen alle Widerstände durchzusetzen: Er mußte jeden Streit, jede Unruhe, jede Zwietracht kräftig schüren und ausnutzen, bis sich die Streitenden sozusagen selber vernichtet hatten. Dann konnte die Partei der Zukunft als die lang ersehnte Ordnungsmacht hervortreten.

Ritzlers Taktik und Überredungskunst schien sich schon vielfach bewährt zu haben. Einige wackere und mutige Volksgenossen hatten sich ihm bereits angeschlossen. Überdies waren erste »Spenden für die Bewegung« eingegangen, teils von großzügigen Geldgebern, die vorerst – war es Bescheidenheit oder Furcht? –

zunächst noch nicht genannt zu werden wünschten; teils aber auch von wohlwollenden kleineren Sympathisanten wie etwa der Wirtshauswitwe oder dem Hauptlehrer.

Wichtiger noch war es für den Ortsgruppenleiter Ritzler, daß er bereits über einen zwar bisher kleinen, aber durchaus einsatzfreudigen »Stoßtrupp« verfügte – eine kriegerische Männerriege, der unter anderem Hansi Bachus, der ältere Sohn des Pfarrers, und Eberhard Sandmann, der einzige Sohn des Hauptlehrers, angehörten.

»Wie wäre es, Kameraden«, feuerte OG Ritzler seinen zu allem entschlossenen Trupp an, »wenn wir hier einmal kurz, aber kräftig zeigen, wer wir sind und was wir wollen. Im Fall Wondraschek können wir klar und eindeutig beweisen, daß wir nicht zum Vergnügen da sind, sondern höhere Ziele anstreben im Dienste der Gemeinschaft. Es geht um die Ehre des deutschen Volkes und die Reinheit der arischen Rasse!«

Diese markigen Worte zündeten bei den Zuhörern wie ein Funke, der das große Feuer entfacht. Besonders Hansi Bachus glaubte, daß diese Aktion ganz im Sinne seines Vaters, des Pfarrers von Maulen, sei, und daß er die höchst günstige Gelegenheit wahrnehmen müsse, um seinem ewig unzufriedenen Alten endlich einmal zu zeigen, welch prächtigen Sohn er besaß.

Die Ritzler-Riege hatte jedoch ebenso tatendurstige Gegner, mit denen sie in diesem Augenblick nicht rechnete. Es handelte sich um das bereits erwähnte Dreigestirn der Vierzehnjährigen: Horst-Heinz Kroger, Waldemar Bachus und Konrad Kaminski. Sie waren den verführerischen Sprüchen des OG Ritzler noch immer nicht erlegen und wollten selbständig und ohne Bevormundung für das eintreten, was sie »ihr gutes Recht« nannten.

Angesichts dieser Freund-Feind-Situation entwikkelte sich eine regelrechte nächtliche Schlacht um das Wondraschek-Anwesen. Ritzler und seine Leute blokkierten die Tür des Hauses mit einem vorbereiteten Querbalken, füllten den Schornstein nach einem exakten Plan mit Holzkloben auf, deckten ihn mit feuchten Säcken ab und entzündeten das Ganze. Als es aus dem Gebäude bedrohlich qualmte, gröhlten sie: »Wir räuchern dich aus, du undeutsche Sau!«

In dieser Minute erfolgte, absolut unerwartet, aus der Dunkelheit heraus ein Gegenangriff. Drei vermummte Gestalten, die wie Weihnachtsmänner aussahen – später wurde behauptet, es seien viel mehr gewesen, mindestens fünf oder sieben –, prallten auf die Ritzler-Mannen, schwangen mächtige Latten, abgebrochen vom Zaun des Gemeindehauses, und schlugen sie gegeneinander. Es klang, als würden morsche Knochen bersten.

Als der von irgend jemandem alarmierte Gendarm Kroger herbeieilte und den »Tatort« fachmännisch besichtigte, hatten sich die Beteiligten längst unsichtbar gemacht. Kroger erblickte lediglich den Schuster Wondraschek, der vor seinem so hart umkämpften Haus niedergekniet war und die Arme weit ausbreitete, als wolle er sein Dorf und diese Welt segnen. Dabei rief er, das Gesicht zur Kirche gewandt:

»Die Wege unseres Herrn sind wunderbar. Er ist mit mir. An nichts kann es mir mangeln!«

Man sah es dem Gendarmen Kroger deutlich an, daß er glücklich war, offiziell melden zu können: »Kein besonderes Vorkommnis. Anzeige wurde nicht erstattet. Eine Untersuchung erübrigte sich.«

Dabei war er sich durchaus darüber im klaren, daß er gegen den Strom der Zeit schwamm und daß jede seiner Amtshandlungen die letzte gewesen sein konnte. Doch er hatte sich damit abgefunden, vielleicht schon bald mit einer anderen Aufgabe »betraut« zu werden.

Indessen gab es zunächst noch eine Verwicklung um den Major Wehrenalp.

# 6.
# Wer ist der Deutscheste in diesem Land? Oder: Auch noch so bedeutende Männer können vor die Hunde gehen

*»Du kannst einen Schweinstrog*
*zu einer Violine umtischlern –*
*doch viel schöne Musik wird*
*dabei nicht herauskommen.«*

Wehrenalp, der »Herr Major«, war hier in Maulen noch immer der Größte. Er wurde anerkannt, gewürdigt, respektiert. Und das genügte ihm. Er liebte sich selbst und hatte es daher nicht nötig, geliebt zu werden.

Er war Rittergutspächter, Kreisführer des »Stahlhelm, Bund der Frontsoldaten«, Kirchenvorstand der Gemeinde Maulen, Ehrenmitglied der »Vereinigten Freiwilligen Feuerwehren« und des Soldaten- und Veteranenvereins, gehörte zum Vorstand des Pferdezuchtverbandes Ostpreußen, der Vereinigung »Deutsche Schäferhunde«, des Raiffeisenverbandes und diverser angeschlossener Sparkassen. Außerdem war der wackere Mann auch noch Kreisleiter der Deutschnationalen Volkspartei (DNVP).

Diese DNVP blühte und gedieh, war beständiger Wahlsieger mit 70 bis 75 Prozent der stimmberechtigten Wähler. Kein Wunder, daß Wehrenalp auf die Sozis, die wenigen Kommunisten, die zwei oder drei Juden und das Dutzend Polen verächtlich herabsah und sie als »Fliegenscheiße« bezeichnete.

Plötzlich aber begannen sich die Nazis breitzumachen. Ein Wehrenalp hätte diese »Arschgeigen« am liebsten mit einem kräftigen Tritt in die Hölle befördert, dort allein gehörten sie seiner Meinung nach hin. Und er war auch überzeugt, daß er mit ihnen fertig werden konnte.

Auch seine Gesinnungsfreunde vertrauten auf ihn. Schließlich war er nicht von ungefähr eine weithin bekannte Persönlichkeit geworden. Er war nicht nur ein schwergewichtiger Mann, hatte auch Ausstrahlung. Er besaß das gewisse Etwas, das ihn für viele Menschen zum Vorbild machte. Schon wenn sie ihn reden hörten, nahmen sie innerlich Haltung an. Er sprach sozusagen in Befehlen, und die knarrenden Geräusche, die er immer wieder von sich gab, waren keineswegs Verdauungsstörungen, sondern laut gedachte Kommentare. »Wenn er einen fahren läßt«, sagten die Männer von Maulen, »dann ist das eine eindrucksvolle Meinungsäußerung.«

In seiner näheren Umgebung gab es offensichtlich kaum jemanden, der nicht von ihm beeindruckt war und ihm nicht bedingungslos gehorchte. In erster Linie natürlich sein Inspektor, der »Specka«. Aber auch auf seinen Schäferhund Tyras und seine Frau konnte er sich in jeder Situation verlassen.

Höchst aufmerksam registrierte er die »Zeichen der Zeit«, jene nicht ganz unbedenklichen Vorgänge im Deutschen Reich zwischen 1932 und 1933. Von »tiefer, brennender Sorge um das Vaterland« erfüllt, schrieb er zahlreiche Briefe. So zum Beispiel an seinen Kameraden Paul von Hindenburg, ehemals kaiserlicher Generalfeldmarschall und jetzt bewunderter Reichspräsident. »Eure Exzellenz sollen wissen, daß wir jederzeit hinter Ihnen stehen«, hieß es in einem der Briefe, »tapfer und treu, genau wie sich das gehört.« Und »Auwie«, der Hohenzollernprinz August Wilhelm, erhielt die Versicherung: »Wir dürfen und werden niemals in unseren Bemühungen nachlassen, Kaiserliche Hoheit, verehrter Herr Kriegskamerad, die wahren deutschen Werte hochzuhalten und die altehrwürdige Tradition zu pflegen.« Schließlich schickte er Alfred Hugenberg, dem obersten Deutschnationalen, Chef des Scherl-Konzerns, der UFA, der Telegraphen-Union und anderer Firmen, ein Schreiben mit den kernigen Sätzen: »Die Zeit ist nun reif. Schwere Entscheidungen müssen getroffen werden. Wir stehen bereit und warten auf Ihre Befehle.«

Major Wehrenalp war felsenfest davon überzeugt, daß er zu den großen Männern der Geschichte zählte, denen das deutsche Schicksal anvertraut war. Entsprechend auffällig und laut benahm er sich bei jeder Gelegenheit. Es gab da sogar eine Anekdote, die das treffend charakterisierte: Eines Tages, als sich Wehrenalps Leute zur Ablöhnung im Hof des Rittergutshauses versammelt hatten, hörten sie plötzlich drinnen ihren Arbeitgeber brüllen wie am Spieß. »Was veranstaltet er denn da, um Himmels willen?« fragten sie entsetzt einen aus dem Haus kommenden Angestellten. »Er spricht mit Königsberg«, war die Antwort. Worauf die Zuhörer meinten: »Wäre es nicht einfacher, wenn er telefonieren würde?«

Ein dörflicher Machtkampf bahnte sich an, als der ehemalige Postbote Ritzler und jetzige Anführer der kackbraunen NSDAP – für Wehrenalp war der Kerl ein armseliger Armleuchter und sonst gar nichts –, als also dieser Nachttopf-Nazi verkündete, er wolle in Maulen eine »Volksversammlung« abhalten. Und zwar im Gemeindehaus, also ausgerechnet mitten in der Domäne des Herrn Major.

Wehrenalp betrachtete dies als eine unverschämte Herausforderung. »Dieser Eckenpisser wird sich wundern!« schimpfte er. »Ich werde dort mit meinen Stahlhelm-Männern einmarschieren; dann wird sich zeigen, wer in Maulen das Sagen hat.«

Doch auch der Maulener Ortsgruppenleiter Ritzler traf rechtzeitig seine Vorbereitungen, vermutlich beraten von Parteigenossen aus Osterode und Allenstein. Aus der näheren Umgebung wurden SA-Formationen in Lastwagen herangekarrt. Sie »besetzten« den Saal des Gemeindehauses so frühzeitig, daß für die Stahlhelmgruppen des Herrn Major kein Platz mehr übrigblieb.

So stand denn auch, als Wehrenalp mit seinen Mannen anrückte, Gendarm Kroger in voller Dienstuniform mit Pistole und Tschako vor dem Eingang des Gemeindehauses und erklärte gelassen: »Diese Lokalität ist bereits voll besetzt, um nicht zu sagen überfüllt.«

»Sie, Mensch!« fauchte ihn Wehrenalp empört an. »Was denken Sie sich? Wollen Sie sich mir in den Weg stellen?«

»Keinesfalls!« versicherte Kroger. »Soweit ich informiert bin, steht für Sie und Ihre engeren Begleiter die vorderste Reihe zur Verfügung. Es handelt sich insgesamt um zwölf Plätze - wohlgemerkt die besten Plätze!«

»Na schön, Herr Kroger!« knurrte der Major. »Über Ihr Verhalten sprechen wir noch demnächst.« Dann begab er sich mit einigen schnell ausgewählten Begleitern todesmutig »in diesen Stall«. Es wurde sofort mucksmäuschenstill, als die Stahlhelmleute mit ihren Stiefeln in den Saal stapften. Wehrenalp ließ sich breitbeinig in der Mitte der reservierten vordersten Stuhlreihe nieder, direkt gegenüber dem vorn aufgestellten Rednerpult, und rief streitsüchtig:

»Also - dann mal los, ihr Volksgenossen. Euer Versammlungsseich kann beginnen!«

Damit hatte praktisch er, der Stahlhelm-Kreisführer, die Kundgebung der NSDAP eröffnet. Seine Begleiter grinsten voller Freude. Die Nazis hinter ihnen taten das aber auch - sie freuten sich auf die kommende Auseinandersetzung.

OG Ritzler war es gelungen, für diese Veranstaltung einen sogenannten Reichsredner seiner Partei zu verpflichten. Von der äußeren Erscheinung her ein absolut durchschnittlicher Typ, entpuppte er sich, sobald er den Mund aufmachte, als ein Großmaul. So gesehen, war er seinem Vorbild Joseph Goebbels wahrlich nicht ganz unähnlich.

Als er das Rednerpult betrat und das Wort ergriff, blickte er den Major herausfordernd an, bevor er ausrief:

»Volksgenossen! Deutsche Männer und Frauen!« Zwar war kein einziges weibliches Wesen zugegen, doch das störte diesen Propagandamenschen nicht; er tat so, als wende er sich grundsätzlich an die gesamte Bevölkerung von Maulen und darüber hinaus.

»Eine neue Zeit ist angebrochen für unser geliebtes deutsches Vaterland. Eine neue Zeit, die auch neue rassebewußte Menschen erfordert, die sich der Volksgemeinschaft aus innerster Seele zugehörig fühlen. In dieser Gemeinschaft sind alle Klassengegensätze aufgehoben, denn wir fühlen uns durch gemeinsames völkisches Schicksal, gemeinsame Kultur, Sitte, Sprache und Blutsverwandtschaft untrennbar miteinander verbunden. Wer sich nicht mit uns verbunden fühlt und sich durch Wort und Tat als materialistisch-eigennütziger Außenseiter entlarvt, oder wer nicht zur arischen Rasse gehört, der kann kein Volksgenosse sein und damit auch kein deutscher Staatsbürger . . .«

»Dummes Zeug!« rief Major Wehrenalp laut aus, den Redner unterbrechend.

»Es wundert mich kaum«, konterte der Mann am Pult, »daß Sie den neuen Geist und die neue Kraft, die das deutsche Volk durchströmen, nicht begreifen können. Die ewig Gestrigen kümmern sich nur um den eigenen Profit und den Profit ihrer Klasse, niemals jedoch um den Nutzen und das Recht jedes einzelnen Genossen der Volksgemeinschaft, das heißt also der Volksgemeinschaft insgesamt auf der Grundlage der Erkenntnis, daß eine dauernde Genesung unseres Volkes nur gewährleistet werden kann, wenn Gemeinnutz vor Eigennutz geht.«

»Unsere NSDAP fordert«, in dieser Tonart dann weiter, »daß der Staat für die Erwerbs- und Lebensmöglichkeit sämtlicher Staatsbürger zu sorgen hat. Wenn es nicht möglich ist, die Gesamtbevölkerung des Staates zu ernähren, dann sind die Angehörigen anderer Nationen und diejenigen Personen, die nicht deutschen Blutes und damit auch keine Staatsbürger sind, aus dem Reich zu weisen. In diesem Zusammenhang darf ich es wohl als selbstverständlich voraussetzen, daß jedes öffentliche Amt, gleichgültig welcher Art, sei es im Reich, im Land oder in der Gemeinde, nur durch Staatsbürger, also nur durch Menschen unseres Blutes bekleidet werden darf . . .«

»Das ist ja einfach zum Totlachen!« unterbrach der Major schon wieder in einem deutlich verächtlichen Tonfall.

»Machen Sie das!« empfahl der Reichsredner unverzüglich seinem Gegenspieler. »Und schön wäre es, wenn dies möglichst bald geschehen würde. Nicht nur, daß Totlachen für Sie persönlich ein angenehmes Ende wäre – Sie hätten darüber hinaus unsere schöne ostpreußische Gegend damit vor weiteren schädlichen Einflüssen bewahrt. Dann gäbe es für die Menschen, die hier leben, kein Hindernis mehr, sich den Impulsen der neuen völkischen Bewegung zu öffnen!«

Erregt und empört war Wehrenalp aufgesprungen, sein Glatzkopf glühte rot wie eine vollreife Tomate. Er war persönlich angegriffen worden. Daß es sich dabei um eine gezielte Provokation handelte, nahm er nicht wahr, oder er verdrängte es – und fühlte sich verpflichtet, zum Gegenangriff überzugehen.

»Du kleiner Scheißkerl!« rief er zornbebend. »Hat keine Ahnung von Politik und verbreitet menschenfeindliche Parolen. Wenn du mich und meine Freunde anpinkeln willst, mußt du erst einmal deine Blase auffüllen. Auf so einen wie dich haben wir hier in Maulen gerade gewartet!

»Jawohl, das ist ein Glück für Maulen!« schrie der Gastredner vom Pult herunter. »Endlich wird einmal frei heraus gesagt, was hier und in ganz Ostpreußen und überall im Reich getan werden muß, damit unser Volk nicht vor die Hunde geht durch Machenschaften von Leuten Ihres Schlages. Ich nehme mir die Freiheit, einen Scharlatan einen Scharlatan zu nennen – und wenn einer ein Eckenpisser ist, dann sage ich ihm laut und deutlich, er ist ein Eckenpisser.«

»Bravo! Richtig so!« riefen ein paar Leute von den hinteren Bänken zustimmend.

Der Major stand kreidebleich da. Er schwitzte. Vor Wut brachte er kein Wort mehr hervor. Seine Männer vom »Stahlhelm« waren inzwischen ebenfalls aufgestanden und umringten besorgt ihren Anführer, schirmten ihn gegen einen drohenden Angriff ab. Es sah so aus, als wollten die SA-Leute jeden Augenblick vorstürmen und eine Schlägerei beginnen. Ein brodelnder Hexenkessel bahnte sich an.

Doch bevor die Katastrophe über das Maulener Gemeindehaus hereinbrach, erschien ein Retter in der Not, mit dem in dieser gefährlichen Situation niemand gerechnet hatte: Der Gendarm Kroger schob sich zwischen die feindlichen Parteien und legte demonstrativ die Hand an seine Dienstpistole. Drohenden Blickes sah er sich um und erklärte mit lauter Stimme: »Gemäß Verfügung des Preußischen Innenministeriums, derzufolge gemeingefährliche Entwicklungen in politischen Bereichen zu unterbinden sind, erkläre ich diese Veranstaltung hiermit als beendet. Die Versammlung ist sofort aufzulösen!«

Der Gendarm in Dienstuniform, seine sachlich vorgetragene Erklärung, die Worte »Verfügung« ... »Preußisches Innenministerium« ... »gemeingefährliche Entwicklung« und die plötzliche Stille im Saal – dies alles verfehlte bei den meisten Anwesenden, denen als guten Deutschen Hochachtung und Furcht gegenüber der Obrigkeit in den Knochen saß, keineswegs die Wirkung. Die revolutionäre Stimmung schien von einer Sekunde zur anderen wie weggeblasen.

Nur Ritzler, der Ortsgruppenleiter, gurgelte: »Unerhört! Wir protestieren gegen eine derartige Willkürmaßnahme!« Und der Reichsredner stimmte ihm zu: »Ihr Eingreifen verstößt gegen die garantierte Versammlungsfreiheit. Sie überschreiten bei weitem Ihre Kompetenz, Herr Gendarm!«

Major Wehrenalp fand seine Sprache wieder und ergriff schnell den Rettungsanker: »Ordnung muß nun mal sein. Ich halte die Entscheidung des Herrn Kroger für absolut gerechtfertigt.« Leise fügte er hinzu, nur für den Gendarm verständlich: »Mensch, Sie sind ja unser Mann – wer hätte das gedacht!«

Kroger sah ihn abweisend an: »Das bin ich nicht«, knurrte er. »Von Parteinahme kann überhaupt keine Rede sein.« Dann trat er einen Schritt zurück und rief den verdutzten, teils noch sitzenden, teils bereits stehenden Versammelten zu: »Verpißt euch also, Männer! Alle! Ohne jede Ausnahme! Und zwar schleunigst, sonst puste ich euch ein zweites Loch in den Hintern!«

Ein alter Frontsoldatenscherz, der die Zuhörer zum Lachen brachte. Damit war die Lage endgültig gerettet, und dieser Maulener Versuch einer politischen Auseinandersetzung endete wie das Hornberger Schießen. Man hörte bloß von der hintersten Bank vereinzelte, halb verunglückte Jubelrufe wie: »Heil Ritzler! Ritzler Heil!«

Wehrenalp, der in der Aufregung nicht richtig hinhörte, hielt das fälschlicherweise für ein »Heil Hitler!«-Geschrei. Er entfernte sich, nicht ohne sich um eine gewisse Würde zu bemühen. Draußen sagte er zu seinen Stahlhelm-Männern: »Was ist da bloß auf uns zugekommen! Schakale sind am Werk. Widerliche Biester. Im Dienste des Vaterlandes müssen wir sie jagen und vernichten!«

Doch zunächst sollte ein anderes, viel kleineres und normalerweise ganz harmloses Tier einige Einwohner von Maulen das große Fürchten lehren: ein überaus ungewöhnlicher Hase.

# 7.
# Das Hasenwunder
# Oder:
# Selbst Gottes unscheinbarste Kreatur vermag Menschen das Fürchten zu lehren

*»Ich kann dich nicht schlachten,*
*rief ein Bauer seinem Tier zu.*
*Du hast Augen wie meine Frau –*
*als sie noch jung war.«*

Als einer der größten Bauern von Maulen, Ernst Theodor Lazarek, zu Grabe getragen wurde, strahlte eine vorsommerliche warme Sonne freundlich vom Himmel, der – wie oft über diesem gesegneten Land – in auffällig klaren, flirrenden Blautönen leuchtete. Ein fast erschreckender Kontrast dazu war das glühende dunkle Rot der weithin duftenden frühen Rosen, die man in verschwenderischer Fülle auf dem Sarg ausgebreitet hatte.

»Wie von unserem Herzblut durchtränkt«, meinte Hauptlehrer Sandmann poetisch verklärt.

Es war ein schöner Tag in einem scheinbar gesicherten Frieden. Der Weltkrieg lag Jahre zurück, ein neuer Krieg schien nicht in Sicht. Die Stimmung der Menschen war heiter. Auch die schwarzen Trauergewänder konnten die hoffnungsvolle Zuversicht der Teilnehmer an dieser Beerdigung kaum verdecken. Allein Pfarrer Bachus war deutlich bemüht, feierliche Betrübnis zu demonstrieren und damit seiner Verpflichtung als Hirte der christlichen Gemeinde Genüge zu tun – obwohl ihm das in diesem speziellen Fall nicht ganz leichtfallen mochte.

Denn Lazarek, der Dahingeschiedene, war nämlich zu Lebzeiten keineswegs ein Vorbild für die Gläubigen gewesen. Er hatte nicht nur das Haus des Herrn auffällig oft gemieden, sondern es sogar fertiggebracht, gegen die Höhe der Kirchensteuer aufzubegehren – und das auch noch sozusagen in breitester Öffentlichkeit: im Wirtshaus. Einmal hatte er sich gar zu einer geradezu ehrenrührigen Bemerkung über Pfarrer Bachus hinreißen lassen: »Der leistet mir zu wenig für mein gutes Geld!«

Bei dem größten Teil der Bevölkerung hinterließ der Verblichene allerdings eine durchaus angenehme Erinnerung. Vor allem den Männern im Wirtshaus gegenüber war er niemals kleinlich und hatte ihnen oft einen großen Schnaps spendiert. Auch seinen Nachbarn half er, so gut er konnte, in Notfällen aller Art. Was immer wieder störte, war höchstens sein loses Mundwerk, das nicht ganz in die ziemlich geruhsame und friedfertige ostpreußische Welt der Maulener Bürger paßte.

Außer Pfarrer Bachus konnte auch Major Wehrenalp ein garstig Lied davon singen, der sich für einen großen Waidmann vor dem Herrn hielt, doch eines Tages erfahren mußte, daß Lazarek geäußert hatte: »Weil unser Wild evangelisch ist und unter der besonderen Obhut von Pfarrer Bachus steht, schießen der Herr Major und seine Kumpane so gern daneben. Wahrhaft christliche Männer sind das!«

Dergleichen Frechheiten wollten verziehen sein und mußten verschwiegen werden; soweit das möglich war. Es gab daher unter den Leidtragenden einige, die über das Ableben des Großbauern Lazarek auf recht unchristliche Weise ungemein erleichtert waren.

Zum Gendarm Kroger beispielsweise hatte Lazarek – Gott sei seiner Seele gnädig – irgendwann einmal gesagt: »Auch du bist nur ein armseliger Knecht und hängst deine Flagge nach dem Wind der regierenden Machthaber. Wenn du bei mir arbeiten würdest, könntest du freier leben.« Und Hauptlehrer Sandmann hatte sich die Bemerkung gefallen lassen müssen: »Glaubst du wirklich, daß deine Schüler schlauer werden, bloß weil du ihnen die Hintern vollhaust?«

Während der Beerdigung registrierten die Trauergäste höchst verständnisvoll, daß der dicht neben der Lazarek-Witwe stehende Stallmeister wie erlöst wirkte. Er hatte unter der Fuchtel seines Arbeitgebers ziemlich leiden müssen. Es gab da eine Geschichte, derzufolge der Bauer ihn eines Tages bei seiner Frau angetroffen, beide kopfschüttelnd angeblickt, schließlich seine Taschenuhr hervorgezogen und unverfroren verkündet haben soll: »Von mir aus könnt ihr miteinander herumrammeln, so oft ihr wollt. Ich gönne euch das von Herzen. Aber wenn ihr es versäumt, vorher das Vieh abzufüttern, ziehe ich derartige Versäumnisse vom Lohn ab – merkt euch das gefälligst!« – Solche unangenehmen Geschichten konnten jetzt nicht mehr passieren.

Ebenso erleichtert war offensichtlich Lazareks jüngerer Bruder, für den – da er nicht gerade zu den Schlauesten gehörte und außerdem von kleinem Wuchs war – der Verstorbene immer wieder neue Schimpfworte hervorgeholt hatte, wie »ostpreußisches Wichtelmännchen«, »masurische Wühlmaus«, »Entenarsch«, »Hahnenschwanz« oder »Eselgesicht«. Und die Frau, die ihm sein Bruder gnädig besorgt hatte, war von diesem vermutlich vorher ausprobiert worden.

Immerhin hatte diese Frau eine hochgeschätzte Begabung: Sie konnte phantastisch kochen. Das kam nun den Trauergästen zugute, denn sie war beauftragt worden, ein eindrucksvolles Festmahl zu Ehren des Toten und zur Freude der Lebenden zusammenzustellen. Die Speisenfolge hatte sich schon vor dem großen Ereignis herumgesprochen: Fleischklöße in klarer Markknochenbrühe; in butterschwerem Blätterteig gebackene Hechte; gut abgelagerte Mastgänse mit Rotkraut und Frühkartoffeln. Und als Dessert Marzipan, Streuselkuchen und Mandelgebäck, wahlweise mit süßer Schlagsahne.

Das Startzeichen zum Beginn des sensationellen Essens gab in praktischer Seelsorge Pfarrer Bachus, nachdem er den traurigen Teil seines Amtsgeschäfts abgewickelt hatte. Er sagte einfach: »Also, dann wollen wir mal! Lassen wir uns nichts entgehen!«

Doch zunächst war es noch nicht soweit. Erst mußte der Tote unter die Erde. Der Geistliche trat an die Grube, hob weit seine Arme und predigte unter allgemeiner Anteilnahme: »Ernst Theodor Lazarek – der Herr, unser Gott, hat dir einen schnellen, schmerzlosen Tod vergönnt. Du hattest gerade den Kreis geliebter Freunde verlassen, mit denen du Stunden im vertrauten Gespräch verbringen durftest . . .«

Daß es sich bei dem erwähnten »Freundestreffen« um ein Besäufnis im Gasthaus gehandelt hatte, verschwieg Bachus wohlweislich. Er fuhr fort:

»Du wolltest dich zu Heim, Hof und Herd begeben, um das Tagwerk zu beenden, als dich nach unerforschlichem Ratschluß ein Blitzstrahl traf . . .«

Wieder verschwieg er eine bedeutsame Einzelheit: Lazarek hatte sich, trotz des bereits einsetzenden Gewitters, an einen großen Baum gestellt, um dort sein Wasser abzuschlagen. Doch die Erwähnung solchen Leichtsinns und des menschlich-allzumenschlichen Motivs hätte die Abschiedsrede wohl allzu prosaisch gemacht.

»Unser Herr ist bei uns jederzeit und überall«, versicherte der Geistliche, »und kein menschliches Wesen vermag sich seiner Führung und seinem Ratschluß zu entziehen. Alles hat durch ihn seinen Sinn, selbst wenn wir diesen Sinn oft nicht zu erkennen vermögen. So senkt denn diesen Sarg in die Grube! Der Herr sei deiner Seele gnädig, Ernst Theodor Lazarek. Und geht für uns das Leben auch weiter, so werden wir dich doch niemals vergessen!«

Während er das sagte und die Träger den Sarg zur Erleichterung der bereits ungeduldig wartenden Trauernden schnaufend abseilten, geschah etwas ganz Unerhörtes, überaus Seltsames, kaum Glaubhaftes. Später sollte es heißen, »mit steil gesträubten Haaren« sei ein unheimliches Wesen, »wie von Furien verfolgt«, über den Friedhof gesprungen. Ein Tier, das sich äußerst schnell und scheinbar zielstrebig zwischen den Beinen der Leidtragenden hindurchschlängelte, in Lazareks Grube hüpfte und sich unter dessen Sarg verkroch.

Einige Frauen hatten entsetzt aufgeschrien, die meisten Anwesenden waren angesichts des unerwarteten Vorgangs zu Salzsäulen erstarrt. Und Pfarrer Bachus brachte es in seiner Verwirrung sogar fertig, sich gleich dreimal hintereinander zu bekreuzigen.

So unterschiedlich das Geschehen auch interpretiert werden mochte, waren sich sämtliche Beobachter dennoch über eines im klaren: Das Tier, das sich auf merkwürdige Weise in die Trauerfeier eingeschlichen hatte, war ohne Zweifel ein Hase. Aber handelte es sich um einen gewöhnlichen oder um einen besonderen Hasen? Was war dieses Hasen Kern?

Weiß, fast schon schneeweiß sei dieser Eindringling gewesen, meinten etliche. Andere wieder bezeichneten ihn als überaus kompakt, als riesig, als geradezu monströs, mindestens an die zehn bis fünfzehn Kilo schwer.

Zu allem Überfluß machte sich jetzt auch noch der Schuhmachermeister Gustav »Christopher« Wondraschek bemerkbar. Obwohl er der selbsternannte Feind des Pfarrers war und mit der Kirche grundsätzlich nichts zu tun haben wollte, hatte er es sich doch nicht nehmen lassen, an der Begräbnisfeierlichkeit für den verstorbenen Bauern Lazarek teilzunehmen. Jenseits der Friedhofsmauer.

Nun versetzte ihn die Erscheinung des wundersamen Hasen in einen Taumel des Entsetzens. »Ein Zeichen!« schrie er mit sich überschlagender Stimme. »Der Leibhaftige erscheint! Der Teufel kommt auf euch zu, wie ihr sündhaften Menschen es verdient! Erkennt ihr das nicht? Wollt ihr nicht endlich eure sündigen Gedanken und Taten bereuen vor dem herannahenden Weltuntergang? Geht in die Knie, ihr Kreaturen!«

Doch der Pfarrer ließ sich nicht provozieren und tat einfach so, als habe er das Geschrei des Schusters gar nicht wahrgenommen. Kühl und sachlich stellte er jetzt fest: »Irgendein verirrtes Tier. Vielleicht wurde es von Hunden gehetzt und ist in seiner Angst hierher geflüchtet.« Er wandte sich an die Friedhofshelfer, die den Sarg versenkt hatten: »Legt also die Grube wieder frei, gute Leute. Fangt das verirrte Tier ein und setzt es jenseits der Friedhofsmauer aus.«

Und so geschah es auch. Unter dem leichten Schauder der Anwesenden zog man den Sarg des Lazarek noch mal hoch und stellte ihn seitwärts ab. Nunmehr konnte das zuckend sich wehrende Tier aufgegriffen und abtransportiert werden. Auf der anderen Seite des Gräberfeldes ließ man es wieder laufen.

Während der gemischte Kirchenchor von Maulen unter der schwungvollen Leitung des Hauptlehrers Sandmann das feierliche Heimatlied »Wenn die Wolken ziehn dahin . . .« anstimmte, kam der Sarg dank des grimmigen Einsatzes des Totengräbers und seiner Gehilfen – die für diesen Sondereinsatz eine zusätzliche Schnapsration erhofften – mit leichtem Poltern erneut auf den Grund der Grube zu stehen.

Pfarrer Bachus nickte anerkennend, breitete nach dem letzten Ton des Kirchenchors die Arme zum abschließenden Segen aus und begann: »Der Herr segne dich und behüte dich . . .«

Weiter kam er nicht. Die anschließend vorgesehenen Worte ». . . der Herr lasse sein Angesicht über dir leuchten und gebe dir ewigen Frieden« blieben ihm buchstäblich im Halse stecken. Mit weit offenem Mund stand er völlig entgeistert da.

Denn abermals war das »wie wild keuchende Untier« herbeigeeilt, flitzte blitzschnell an den Beinen der Gäste entlang, berührte noch kurz die Füße des Pfarrers, stürzte erneut abwärts in die Grube und buddelte sich »wie versessen« in den Sand unter dem Sarg, um dort ganz still, fast wie leblos, jedenfalls unendlich ergeben liegenzubleiben.

»Gott stehe uns allen bei!« erklang die Stimme von Wondraschek, der unterdessen die Kirchenmauer bestiegen hatte und nun dort oben wie ein rächender Erzengel stand. Der Mann, von dem es hieß, er könne masurische Gespenster sehen und habe einmal sogar mit dem Wassergeist gesprochen, der manchmal kleine Kinder mit sich auf den Abgrund der Seen zog, stieß mit gurgelnder Stimme hervor: »Der Leibhaftige ist bei Lazarek ... der Leibhaftige ... der Leibhaftige!«

Gendarm Kroger, der ganz in seiner Nähe Posten bezogen hatte, rief ihm zu: »Komm runter von der Mauer! Einen Teufel gibt es immer und überall – aber warum soll er sich ausgerechnet in den heiligen Bereich unseres Pfarrers begeben?«

»Weil die beiden zusammengehören«, keuchte der Schuster. »Wie Feuer und Wasser gehören sie zusammen. Nur gemeinsam können sie existieren.«

Der Geistliche hatte seine Arme sinken lassen, erwachte nun wie aus tiefem Nachdenken und verkündete: »Sogar Christus wurde auf dem Ölberg von Satan höchstpersönlich heimgesucht. Aber er widerstand den Verlockungen des Bösen und gab uns ein Beispiel. Er rief ihm zu: Hebe dich hinweg von mir!«

»Dies wird der Hase offensichtlich nicht tun«, meinte der Totengräber trocken. »Wie ich das sehe, ist das von dem kaum zu erwarten. Sollen wir jetzt den Sarg etwa noch ein zweites Mal hochwuchten – nur eines irren Tieres wegen? Wäre das nicht zuviel verlangt?«

Die Trauergemeinde drängte, halb besorgt, halb neugierig zur Grube hin und drohte in sie hineinzufallen, gemeinsam mit dem nach vorn geschobenen Pfarrer. Zum Glück war der Gendarm geistesgegenwärtig herbeigeeilt und bewahrte Hochwürden mit festem Griff vor dem Unglück.

Ratlos gafften die Einwohner von Maulen in das Lazarek-Grab, denn sie erblickten nichts als gelbgrauen Sand, den kantigen Eichenholzsarg, die schmückenden roten Rosen und einige Tannenzweige.

»So war dieser Lazarek immer«, stellte der Bürgermeister düster fest. »Zeit seines Lebens hat er Schwierigkeiten gemacht; nun regt er uns auch noch bei seinem Begräbnis auf.«

Und der Bruder des Toten meinte betrübt: »Die Zeit vergeht und vergeht. Wenn meiner Frau die Suppe kalt wird, garantiere ich für nichts.«

Diese alarmierende Bemerkung rief unverzüglich Unruhe hervor und brachte die Leute zur Wirklichkeit zurück. Man sei hier wohl einer Wahnvorstellung erlegen, meinte jemand. Und ein anderer fragte, ob ein wildgewordener Hase wichtiger sei als sechs oder acht in Butter brodelnde Bratgänse für das Festmahl.

Daraufhin zögerte Pfarrer Bachus nun nicht mehr, die feierliche Handlung abzuschließen, indem er ausrief: »Der Wille des Herrn soll geschehen. Schließen wir das Grab und beten wir für den Dahingegangenen.«

Die Männer des Totengräbers walteten unverzüglich ihres Amtes und schaufelten die Grube zu.

Mit der Aufforderung des Pfarrers, sich nunmehr dem großen Festmahl zu widmen, wäre die Geschichte von dem seltsamen Hasen zu Ende gewesen – hätte es nicht noch ein Nachspiel gegeben. Es sollen sich nämlich einige Zeugen des Vorkommnisses kurz vor Mitternacht noch mal auf den Friedhof begeben haben, ganz heimlich, mit Laternen und Spaten. Wie man sich später erzählte, gruben sie den Sarg des Lazarek aus und lüfteten ihn. Doch sie entdeckten keinen Hasen und eilten, wie vom Satan gejagt, davon.

Allerdings scheint diese Fassung der Ereignisse nicht ganz den Tatsachen zu entsprechen. Denn nahezu vier Jahrzehnte danach nahm ein uralter Mann an einem Ostpreußentreffen teil, der sich Lazarek nannte. Als jemand ihn nach dem Ort Maulen fragte und wissen wollte, ob es stimmte, daß dort sein Bruder zusammen mit einem lebenden Hasen begraben worden sei, wurde er groß angesehen.

»Das Tier tat mir so leid, daß ich immer daran denken mußte. Ich überredete den Totengräber – eine ganze Flasche Schnaps hat mich das gekostet –, den Sarg meines Bruders am späten Abend noch mal auszugraben. Während alle anderen feierten, schlichen wir uns auf den Friedhof. Wir haben den Hasen gefunden. Er war völlig erschöpft, aber er lebte noch. Wir sperrten das Tier in einen Korb, schaufelten das Grab wieder zu und ließen den Hasen laufen. Trotz seiner Schwäche sauste er davon.«

»Und warum haben Sie das getan?«

»Welch eine dämliche Frage, Mensch! Ich hab's gemacht, weil ich ein Ostpreuße bin. Bei uns durfte es einfach nicht sein, daß irgendein unschuldiges Tier einer menschlichen Dummheit geopfert wird. Ist das nicht Grund genug?«

# 8.
# Die Hebamme des Dorfes Oder: Ohne Hilfe kommt kein Kind ans Licht der Sonne

*»Wer will, mag einsam bleiben.*
*Des armen Lebens Ziel*
*ist dennoch: sich beweiben!«*

Am südlichen Rand von Maulen, in der Nähe des Waldes und des Sees, lebte Emil Goldmark, der Schmied. Kraftvoll und achtunggebietend, selbstsicher und gelassen.

In seiner Schmiede wurden Jahr für Jahr die Pflugscharen der örtlichen Bauern geschärft, die Feldgeräte instand gesetzt, wurden den Pferden anerkannt solide Hufbeschläge verpaßt. Goldmark war ein Meister seines Fachs, und mit »Meister Goldmark« pflegte ihn auch jeder Kunde anzusprechen.

Sein Familienleben zeichnete sich ebenfalls durch solide Bürgerlichkeit und fürsorgliche Daseinsfreude aus. Mit seiner munteren, robusten, rundlichen Frau Emma hatte er innerhalb von zehn Jahren sieben gesunde Kinder gezeugt. An und für sich war das in dieser Gegend nichts Besonderes – erwähnenswert konnte man es höchstens finden, daß keiner ihrer vier Knaben Bauer oder gar Schmied geworden war, und daß sie es alle – ebenso wie die drei Mädchen – vorgezogen hatten, Maulen zu verlassen. Zwei von ihnen waren sogar nach Amerika ausgewandert.

Der Schmied und seine Frau waren inzwischen an die siebzig Jahre alt geworden, jedoch überraschend rüstig geblieben. Mannhaft stand Emil Goldmark seine Tage zwischen Blasebalg und Amboß durch. Wenn er den großen Hammer schwang, sprühten die Funken, und es war, als könnte er ohne sein tagtägliches Feuerwerk nicht leben. Jeder, der den noch immer kraftstrotzenden Kerl sah, mußte sich unwillkürlich wünschen, niemals zwischen seine Bärenpranken zu geraten. Es gab ein paar Burschen, die sich irgendwann einmal auf eine Auseinandersetzung mit dem Schmied eingelassen hatten – es war ihnen ziemlich schlecht bekommen.

Dabei galt Goldmark als durchaus verträglicher Mensch, solange man ihn nicht leichtfertig reizte. Zu seinen auffälligen Merkmalen zählte eine geradezu sagenhafte Wortkargheit. Niemand konnte sich erinnern, von ihm jemals einen zusammenhängenden Satz vernommen zu haben. Wenn er drei oder vier Worte sprach, war das schon viel. Seine Rede war »ja« und »nein«. Falls ihn irgend etwas erstaunte, fügte er ein »ah« hinzu. Ein »äh« bedeutete schroffe Ablehnung. Ein »oh« hingegen verriet sein Entzücken – etwa über ein gutes Essen oder einen klaren kühlen Schnaps.

Wenn er und seine Frau beisammen standen, umgab die beiden eine wohltuende Atmosphäre der Zufriedenheit und Ruhe. Manchen Leuten erschien das verwunderlich, denn die Frau wirkte im täglichen Umgang wie das genaue Gegenteil ihres Mannes. Während er aus seiner Schmiede kaum jemals herauskam, wieselte sie durch Maulen und durch die Dörfer der Umgebung. Und wenn seine hervorstechende Eigenart das Schweigen war, dann erstaunte es bei ihr, wie lebhaft sie mit schneller und nicht selten auch sehr scharfer Zunge ganze Wortkaskaden verströmte, fast ohne Atem zu holen.

Sie konnte sich grundsätzlich alles erlauben, denn sie war in der Maulener Dorfgemeinschaft ohne Zweifel die wichtigste Person. Im ganzen Ort und in der näheren Umgebung gab es wohl kaum einen Menschen, sei er männlichen oder weiblichen Geschlechts, dem sie nicht den Weg ins Leben gebahnt hätte: Emma Goldmark war die Hebamme von Maulen, und dies seit bereits fünfzig Jahren.

Daß es außer ihr keine andere Geburtshelferin gab,

störte die Leute hier wenig, denn eine bessere als Emma konnten sie sich nicht vorstellen. Dank ihrer Erfahrung und ihres Einfühlungsvermögens zog sie die Bamsen fast ohne Ausnahme komplikationslos ans Licht. Ob es für die Kleinen auch später ohne Komplikationen abging, ob sie ihre Welt als irdisches Jammertal empfanden oder als letztes Paradies am Rande der Zivilisation, das konnte Emma Goldmark nicht mehr entscheiden. Aber jedenfalls ließ sie die mit ihrer Hilfe Geborenen auch später niemals ganz aus den Augen. Wer hier nicht älter als fünfzig war, dessen Nabelschnur hatte sie durchgeschnitten. Und noch in den alten Einwohnern mit runzligen Gesichtern, gebeugten Rücken und abgearbeiteten Händen erblickte sie die rothäutigen, schreienden winzigen Menschenkinder, die sie einst erstmals gebadet hatte.

Es war eine ganz eigene Art der Ehrerbietung und stillen Sympathie, die ihr überall begegnete. Kein Wunder, daß oft jemand zu ihr kam, der sich in seelischer Not befand und Hilfe brauchte. Manchmal wurde sie aber auch aus eigenem Antrieb aktiv, sobald sie spürte, daß eines ihrer »Bamsen« mit dem Leben nicht zurechtkam.

Wenn sich eine Geburt ankündigte, legte Emma Goldmark großen Wert darauf, rechtzeitig informiert zu werden, denn solch ein Ereignis erforderte intensive Vorbereitungen. Die Schwangere war zu untersuchen, langfristig zu betreuen und rechtzeitig und gründlich auf das Kommende vorzubereiten.

Deshalb zeigte sie sich äußerst unwillig, als sie überraschend zur Familie des Schnapsbrenners Kaminski gerufen wurde. Die Dringlichkeit der Aufforderung ließ vermuten, daß man ihr monatelang etwas verheimlicht hatte.

Als sie bei den Kaminskis ankam, hörte sie das offenbar bereits volltrunkene Familienoberhaupt seine allgemein bekannten liederlichen Lieder grölen, die ihr sonst immer Spaß gemacht hatten, jetzt aber wohl nicht gerade in die gegebene Situation paßten. Sie musterte Frau Kaminski, die sie schon erwartet hatte, sachverständig und meinte dann: »Du bist es also nicht, die ein Kind erwartet – wäre ja auch noch schöner in deinem Alter! Demnach handelt es sich um eine deiner Töchter. Welches der beiden Mädchen ist es denn?«

»Lydia«, erwiderte Frau Kaminski etwas verschämt.

»Das ist gut, das geht«, nickte Emma und lächelte. »Die hat genau wie du eine Pferdenatur. Da wird wohl alles so glatt laufen, wie ich es von dir gewöhnt bin. Wäre es deine zierliche Elfe Erika gewesen, würde ich jetzt beunruhigt sein. Dann mal los! Du weißt ja, wie so was geht.«

Die Geburt verlief ohne die geringsten Probleme. Mit kräftigen Schreien begrüßte ein stattlicher Junge das Licht der Welt.

Nachdem alles geschafft war, grölte Vater Kaminski im Keller weiter, wenn auch jetzt wesentlich kraftloser, seine Sauf-, Freß- und Venuslieder, während die Hebamme zusammen mit den übrigen Familienmitgliedern in der guten Stube saß, von dem Knaben Konrad mit Kaffee, Kuchen und Eierlikör versorgt.

Emma Goldmark genoß sichtlich die frohe Stimmung, sonnte sich im Bewußtsein ihrer Unentbehrlichkeit und erteilte Ratschläge aus ihrem Erfahrungsschatz. Nach dem zweiten Eierlikör sagte sie: »Da haben wir nun eine glückliche Mutter und ein Kind, das sich sehen lassen kann und offensichtlich gesund und munter ist – doch wer ist der Vater? Ein Vater gehört ja schließlich dazu. Also – wer?«

Frau Kaminski druckste lange herum; die peinliche Frage machte ihr zu schaffen – schließlich bekannte sie:

»Das weiß ich nicht. Meine Tochter Lydia weigert sich, den Namen zu nennen.«

»Kann sie den Vater nicht nennen, oder will sie es nicht?« fragte die Hebamme streng.

Die Antwort darauf kam überraschend aus der Ecke des Zimmers. Dorthin hatte sich der Knabe Konrad zurückgezogen, nicht ohne mit gespitzten Ohren das hochinteressante Gespräch der anderen zu verfolgen. Jetzt rief er mit Trompetenstimme: »Da kommt nur der schöne Hansi in Frage, der Sohn von Pfarrer Bachus.«

»Um Himmels willen!« jammerte seine Mutter. »Du weißt ja nicht, was du redest. Du hast ja keine Ahnung . . .«

»Na – und ob ich eine Ahnung habe, Mama! Das ist doch bei den Menschen nicht anders als bei Kaninchen, Rindviechern oder Pferden. Auch bei diesen beiden habe ich ziemlich genau gesehen, wie das vor sich ging. Sogar mehrmals. Nicht nur ich allein, auch noch zwei Freunde von mir.«

Frau Kaminski verstummte, ehrlich entsetzt über die kenntnisreichen Äußerungen ihres Sohnes. Die Hebamme hingegen musterte Konrad Kaminski interessiert, beinahe anerkennend und meinte: »Du bist ja ein ganz hellwaches Jungchen, hast es faustdick hinter deinen großen Ohren, wie? Aber so muß es ja sein bei uns in Ostpreußen. Vielleicht hast du recht mit dem Hansi. Ich werde sofort den Pfarrer aufsuchen. So ein Kind muß schließlich eine richtige Familie haben; der Vater gehört unbedingt dazu.«

Kaum hatte sie das ausgesprochen, war sie schon unterwegs zum Pfarrhaus. Jetzt, dachte sie, kann ich es diesem Bachus heimzahlen, daß er mich einmal »des Teufels Großmutter« genannt hat – jedenfalls war ihr das gerüchtweise zugetragen worden, und sie hielt es für durchaus glaubhaft. Der Pfarrer von Maulen gehörte zu jenen Leuten, die nicht zimperlich waren bei dem, was sie sagten und taten. Da war es doch nicht mehr als recht und billig, daß man sich mal »erkenntlich« zeigte.

Bachus empfing die Hebamme in seinem Arbeitszimmer. Dort stellte sie sich demonstrativ vor ihn hin, plusterte sich geradezu auf wie ein Truthahn und attakkierte ihn mit der ihr eigenen Robustheit – wobei sie ihn duzte, wie jeden anderen hier ja auch:

»Dein Sohn Hans hat sich offensichtlich sehr intensiv mit der Lydia von den Kaminskis beschäftigt. Und was dabei herausgekommen ist, ist sehenswert und kann bereits recht gut schreien. Du bist Großvater geworden, weißt du das schon? Dein Hansi und du, ihr solltet euch dazu bekennen. Deine Gemeinde erwartet, daß du auch in dieser Sache mit gutem Beispiel vorangehst.«

Der Pfarrer schüttelte heftig den Kopf. »Was Sie da behaupten, Frau Goldmark, ist mir keineswegs neu, aber es sind bloße Verdächtigungen. Ich habe mich erkundigt und dabei festgestellt – es tut mir ehrlich leid, dies sagen zu müssen –, daß sich nicht nur mein Sohn mit dieser Person abgegeben hat. Es gibt eine Reihe anderer Männer, die mit viel größerer Wahrscheinlichkeit für eine Vaterschaft in Frage kommen als ausgerechnet mein Hans!«

»Und wer hat Ihnen so was geflüstert?«

»Ortsgruppenleiter Ritzler hat mich darauf aufmerksam gemacht – unter dem Siegel der Verschwiegenheit, aber absolut eindeutig. Ich sage das nur Ihnen weiter, weil es gewissermaßen in Ihren beruflichen Wirkungskreis fällt. Und ich hoffe, daß Sie meine Information nicht mißbrauchen.«

Emma Goldmark versicherte ebenso theatralisch wie treuherzig, daß sie die Schweigsamkeit in Person sei und jedes vertrauliche Wissen tief in ihrem Herzen bewahre – um sich unmittelbar darauf zu dem ehemaligen Briefträger und jetzigen NSDAP-Ortsgruppenleiter Hermann Rudolf Ritzler zu begeben. Sie entdeckte ihn in seinem sogenannten Parteibüro, umgeben von Kisten und Kartons, Flugblättern, Uniformteilen, einer Schreibmaschine und einem Vervielfältigungsapparat.

Menschen wie die Hebamme, die den Eindruck machten, als würden sie ihn und seine Parteiarbeit nicht ernst nehmen, waren ihm zutiefst unsympathisch. Mithin reagierte Ritzler gereizt und ablehnend auf ihr Eindringen und auf ihre Fragen nach den Männerbekanntschaften von Lydia Kaminski.

Wieso er überhaupt etwas darüber wisse? Ob etwa irgendeiner seiner Parteigenossen als Vater von Lydias Sohn in Frage komme? Und ob seine Männer die Mädchen von Maulen als Freiwild betrachten würden, denen man ein Kind anhänge, um sie dann rücksichtslos sitzenzulassen? Ob das vielleicht die neue Moral der Nationalsozialisten sei?

»Das will ich überhört haben!« fauchte OG Ritzler wütend. »Hüten Sie sich, uns zu beleidigen und zu verunglimpfen. Wir sind die Garanten der Zukunft. Gefolgsleute unseres Führers. Die Hoffnung Deutschlands. Eine Bewegung . . .«

»Mach dich doch nicht lächerlich, du aufgeblasener Gernegroß«, unterbrach ihn Emma Goldmark. »Dich kannte ich schon, als du gerade aus dem Schoß deiner Mutter hervorgekrochen warst – damals wie heute ein klägliches Geschöpf und ein großer Schreihals. Viel Wind und nichts dahinter.«

»Frau Goldmark!« Ritzler gab sich ganz als Hoheitsträger. »Wenn hier jemand ein großes Maul hat, dann sind Sie es. Ich warne Sie. Wenn Sie weiter Ihren Unrat und Ihren Gestank verbreiten, werden Sie es bald bereuen. Schmutzfinken Ihrer Art haben nichts zu suchen in dem neuen Deutschland, das wir aufbauen. Und nun verschwinden Sie und kommen Sie mir nicht mehr vor die Augen!«

Mit diesen Worten schob er die Hebamme zur Tür in der irrigen Annahme, ein eindrucksvolles Exempel statuiert zu haben. Er kannte Emma Goldmark schlecht. Die glaubte nunmehr erst recht, ihre Maulener Mitbürger vor Ritzler und seinen Gefolgsleuten warnen zu müssen. »Diese Angeber in ihren kackbraunen Uniformen haben kein Gefühl für Anstand, Moral und Sittlichkeit«, schimpfte sie. »Quatschen Opern über Volk und Vaterland und schwängern unsere minderjährigen unschuldigen Mädchen. Man sollte diese Angeber aus Ostpreußen verjagen, sie bringen nur Unglück!«

Merkwürdig mutete es an, daß Major Wehrenalp, Pfarrer Bachus, Bürgermeister Vierholzer, Hauptlehrer Sandmann und die wohlhabenden Großbauern »so was Ungereimtes« nicht zur Kenntnis nehmen wollten. Sie machten um die Hebamme nach Möglichkeit einen großen Bogen, wenn sie in ihre Nähe kamen. Offenbar wollten sie es mit den Männern, die sich als die neuen Herren aufspielten, nicht unbedingt verderben.

Ganz anders verhielten sich die sogenannten »kleinen« Leute, die Emma Goldmarks erboste Schimpfkanonaden als Ausdruck eigener Gedanken und Gefühle empfanden. »Ein prächtiges Weibsbild«, meinten sie. »Der einzige Mensch weit und breit, der hier noch den Mut hat, seine Schnauze aufzumachen.«

Dafür braute sich unter den SA-Leuten und braunen Parteigenossen ein Unwetter gegen die Hebamme und Frau des Schmieds zusammen. Sie drängten ihren Ortsgruppenleiter immer heftiger, endlich etwas zu unternehmen, um »dieser undeutschen Hexe das freche Maul zu stopfen«.

So erschien eines Vormittags ein SA-Trupp unter Ritzlers Führung vor der Schmiede. Sieben Mann.

Ihre Unternehmungslust und ihr Rachedurst sanken jedoch schnell auf den Nullpunkt, als statt Emma Goldmark ihr Mann Emil vor der Tür erschien. Wie ein riesiger Bär trat der Schmied hervor, angetan mit einem vom Hals bis zu den Schuhen reichenden ledernen, verrußten Leibesschurz. In der rechten Hand schwang er lässig seinen großen Schmiedehammer.

»Na?« fragte er lediglich. Es hörte sich an wie: Na, was gedenkt ihr kackbraunen Kümmeltürken denn hier zu veranstalten?

»Gegen Sie haben wir nichts vorzubringen«, versuchte ihn Ritzler aufzuklären. »Nur mit Ihrer Frau wünschen wir ein klärendes Wörtchen zu sprechen, Volksgenosse Goldmark.«

»Unsinn!« stieß der gewaltige Schmied rauhkehlig hervor, wobei nicht recht erkennbar war, ob er damit die plump vertrauliche Anrede oder das Verlangen nach seiner Frau oder ganz allgemein die Situation meinte.

Wie er dann auch noch seinen schweren Hammer hob, als sei das ein federleichter Kinderlöffel, und »Haut ab!« rief, mit dem deutlich erkennbaren Hintergedanken: Sonst werde ich euch Beine machen – da stolperten die Stoßtruppleute des Herrn Ritzler ein paar Schritte rückwärts, drehten sich plötzlich um und liefen eilig davon, als hätten sie Angst, ihre Hirnschädel würden von Meister Goldmarks Schmiedehammer zu Brei zertrümmert.

Diesem Kraftkerl waren sie nicht gewachsen, der ihnen bedrohliche Wortgebilde nachrief, die sich anhörten wie: »Wer seid ihr denn? Was glaubt ihr euch denn leisten zu können? Noch ist Maulen nicht verloren!«

Oder war Maulen doch schon verloren?

# 9.
# Ein Gendarm ist nicht nur ein Beamter Oder: Auch auf dem Dorf gibt es unbegrenzte Möglichkeiten

*»Spucke nicht ins Wasser,*
*das du noch trinken mußt.«*

Der Frühling 1933 – so mächtig wie kaum ein anderer seit Jahrzehnten in Ostpreußen – brachte eine ganze Menge Überraschungen. Eine davon war für das Maulener Dorfleben besonders einschneidend: Kroger, der bisherige Gendarm des Ortes, legte seine Uniform ab.

Zunächst geschah das nicht ganz freiwillig, denn er war auf unbestimmte Zeit von seinen Dienstverpflichtungen entbunden worden, ohne daß man eine genaue Begründung erfuhr. Doch dann sah es so aus, als habe Kroger darauf nur gewartet: Er beantragte seine Entlassung, dic ihm unverzüglich bewilligt wurde. Offensichtlich waren seine teils neuen Vorgesetzten über diesen Lauf der Dinge erleichtert. Seine Mitbürger hingegen waren betroffen; hatten auch manche oft über ihn geschimpft, so war er doch einer der Ihren gewesen. Und sie hatten seine Geradlinigkeit und Unparteilichkeit schätzengelernt.

Kroger verließ seine Dienstwohnung im Gemeindehaus und zog in den Bauernhof Marunke, also zu der aus dem polnischen Krakau stammenden schönen Witwe Maria. Offiziell wurde er dort als »Verwalter« geführt. Man nahm das im Dorf augenzwinkernd zur Kenntnis.

Es war schon seit langem klar, daß sich Karl Kroger und Maria Marunke sehr gut verstanden. Und das bezog sich nicht allein auf die inzwischen ziemlich perfekten polnischen Sprachkenntnisse des einen und der erstaunlichen Beherrschung der deutschen Sprache durch die andere.

Auch Krogers Sohn Horst-Heinz fühlte sich in dem

stattlichen, wenngleich ziemlich vernachlässigten Marunke-Anwesen außerordentlich wohl. Er nahm jede Gelegenheit wahr, um seine Freunde einzuladen.

Vater Kroger entwickelte erstaunliche Fähigkeiten als Bauer. Es war, als habe er zeitlebens nichts anderes gemacht. Dieser Hof war der seine.

Sein Nachfolger im Polizeidienst, ein gewisser Joachim Müller, Gendarmeriemeister seines Zeichens, war mittelgroß, leicht rundlich und mit einer freundlich-entgegenkommenden Friseurstimme ausgestattet. Wobei an dieser Stelle anzumerken wäre: So etwas wie einen Friseur gab es hier weit und breit nicht. Die Frauen pflegten nicht nur ihre eigenen, meist in voller Länge belassenen Haare selbst, sondern betreuten auch den Kopfschmuck ihrer Männer und Kinder.

Doch um bei dem neuen Gendarm zu bleiben: Joachim Müller mußte sich erst einmal einen Überblick verschaffen über die internen Rangordnungen in der Maulener Gesellschaft. Etwa angefangen bei dem deutschchristlichen Pfarrer Bachus, über den Anführer der Deutschnationalen, Major Wehrenalp, bis hin zu dem neuen politischen Stern am Maulener Dorfhimmel, NSDAP-Ortsgruppenleiter Ritzler.

Bei Exgendarm Karl Kroger fand er dabei keine große Hilfe. Der antwortete auf die Frage, worauf man hier denn vor allem zu achten habe, einfach nur: »Auf gar nichts, wenn du das nicht willst; oder eben auf alles, wenn du das müssen zu können glaubst.«

Jedenfalls stellte sich Müller erst einmal bei jedem vor und gab sich überall kooperationswillig. Die verwirrend vielfältigen und gegensätzlichen Eindrücke, die er dabei gewann, machten ihn allerdings noch unsicherer, als er es vorher schon war.

Pfarrer Bachus erklärte ihm: »Gott ist zu geben, was Gottes ist – und dem Kaiser, was des Kaisers ist. In diesem Sinne gebietet es die Bibel. Alles weitere ergibt sich aus solcher Voraussetzung. Im Vertrauen auf Gott werden Sie gewiß das Richtige tun, mein Sohn.«

Major Wehrenalp meinte: »Es geht um Deutschland und um nichts anderes. Unser geliebtes Vaterland ist das A und O bei allen Entscheidungen des Herzens und des Verstandes. Daran messe ich den Wert und die Würde eines Menschen.«

Und der braune Ritzler deklamierte: »Eine neue Zeit ist angebrochen, in der alles Undeutsche, Fremdartige, Dekadente keinen Platz mehr hat. Wir marschieren vorwärts in eine bessere Zukunft, und jeder hat mit seiner ganzen Kraft dazu beizutragen – gleichgültig, ob Arbeiter der Stirn oder der Faust. Und wenn ein paar unverbesserlich vorgestrige Leute in Maulen glauben, sie könnten sich uns entgegenstellen, dann werden sie bald zu spüren bekommen, wohin der Hase läuft.«

Schließlich besuchte Gendarm Müller auch noch den Hauptlehrer Sandmann, der als Erzieher, Heimatpfleger und Verfasser von Heimatgedichten hier eine bedeutsame Rolle spielte. Obgleich er zunächst einmal ein Gedicht vortrug, in dem es hieß: »Es leuchten die Wälder, es schwelgen die Felder, die Menschen sind gut . . .«, schien er der einzige zu sein, der seine Mitmenschen zu durchschauen und die Dinge realistisch einzuschätzen vermochte.

»Lieber Müller, wir sind beide Beamte«, sagte er, »und deswegen will ich dir ganz unter uns etwas anvertrauen: Ich kenne die Maulener seit Jahrzehnten. Weißt du, was für sie das einzig Wichtige ist? Ihre Ruhe wollen sie haben! Nicht gestört werden wollen sie in ihrem Tagestrott. Nur eine einzige Ausnahme gibt es, und auf der bestehen sie, dafür kämpfen sie: ihre Feste. Wie Kinder sind sie, die ihren Weihnachtsbaum sehen möchten. Wenn er strahlt und funkelt, dann ist die

Welt in Ordnung. Du brauchst also nur dafür zu sorgen, daß sie ihre Feste bekommen und zwischen den Festen nichts als Ruhe haben – dann bist du der beste Mann für sie.«

Aber Ruhe zu fordern und Ruhe zu geben, das waren zwei verschiedene Stiefel. Was ein Ostpreuße war, und dazu auch noch ein Maulener, also einer von echtem Schrot und Korn, der gehörte nicht zu den Menschen, die den ganzen Tag zufrieden im Sessel saßen und den lieben Gott einen guten Mann sein ließen. Die Hebamme Emma Goldmark zum Beispiel gab keine Ruhe auf der Suche nach dem Vater von Lydia Kaminskis Kind.

Dies veranlaßte Ortsgruppenleiter Ritzler, eine Konferenz seiner internen Führungskräfte anzuberaumen. Hansi, der älteste Sohn von Pfarrer Bachus und Freund von Lydia, wurde hinzugerufen. Man bearbeitete ihn mit allen Mitteln der Überredungskunst, sich als Kindsvater zu bekennen, denn das sei im Interesse der Partei. Kein Parteigenosse oder Parteifreund dürfe sich vor Verantwortung drücken und müsse in allen Bereichen des Lebens ein Vorbild sein.

Nebenbei wurde angedeutet, daß die Parteikasse gewisse Unkosten übernehmen könne, um das höchste Gut des Vaterlandes, die Familie, vor Schaden zu bewahren.

All diesen Argumenten mußte sich Hansi Bachus schließlich beugen. Er begab sich also zu Lydia Kaminski, um ihr zu verkünden, daß er bereit sei, großzügig für das Kind zu sorgen. Doch Lydia ließ ihn stolz abblitzen. Sie brauche keine Almosen, er solle sich gefälligst zum Teufel scheren, das Kind gehöre ihr allein und sonst niemandem auf der Welt.

Daraufhin verschwand Hansi schleunigst wieder, und Lydia zog – von Maria und Karl mehrfach dazu aufgefordert – auf den Marunke-Hof. Dort wurde sie mit großer Herzlichkeit aufgenommen. Ein paar Maulener Klatschtanten meinten dazu: »Dieser Kroger ist ja ein ganz ausgekochter Hund. Schnappt sich die Lydia, die für zwei arbeiten kann, und tut dabei auch noch so, als sei das ein gutes Werk.«

Ganz so verhielt sich die Sache natürlich nicht; denn daß Kroger tatsächlich ein weiches Herz hatte, war ja in der Zeit, als er noch Gendarm gewesen war, oft genug bewiesen worden. Aber abgesehen davon war mit ihm ein höchst arbeitswilliger Bauer zum Vorschein gekommen. Er ging mit gutem Beispiel voran und schuftete von früh bis spät. Offenbar war es sein Ziel, aus dem Marunke-Hof den leistungsfähigsten Betrieb der ganzen Gegend zu machen.

Es fing damit an, daß er in der Kreisstadt Osterode einen großen Sparkassenkredit aufnahm – schwindelerregende dreißigtausend Mark, wurde gemunkelt.

Dann baute er die Stallungen aus, schaffte neueste Feldgeräte an und organisierte eine Geflügelzucht von solchen Ausmaßen, daß schon nach kurzer Zeit Hühner, Enten und Gänse nur so herumwimmelten. Aber auch die Ziegen, Schafe und Kühe in seinem Bereich vermehrten sich wie durch Zauberei.

Bald gab es überall Marunke-Eier, Marunke-Milch, Marunke-Geflügel. Und das nicht nur in Maulen und Umgebung, auch in der Kreisstadt Osterode, alsbald sogar in Allenstein und Königsberg.

Zu den Neuerungen, die der »Verwalter« Karl Kroger einführte, gehörte dann allerdings auch die ständige Beschäftigung polnischer Arbeiter. Bisher waren die Polen im wesentlichen nur während der Ernte nach Maulen geholt worden; nicht zuletzt deshalb, weil kaum jemand ihre Sprache verstand und sie selber auch des Deutschen nicht mächtig waren. Kroger indessen konnte polnisch, Maria Marunke als Polin ja ohnehin, und die Polen waren überaus willig und ungemein fleißig; eine bessere Voraussetzung für beständigen Erfolg ließ sich wohl nicht denken.

Abgesehen davon verkündete Kroger überall dort, wohin er kam, daß ihm jeder willkommen sei, der mit ihm und der Marunke-Witwe Maria auf dem Hof leben wolle. Und er verwandelte die schäbig-brüchige Erntearbeitsbaracke, die auf dem Grundstück stand, in ein stabiles und schmuckes Wohngemeinschaftshaus.

So fühlten sich alle recht wohl, und das Leben auf dem Marunke-Hof und sonst überall in Maulen hätte geruhsam seinen Gang gehen können – gäbe es nicht immer wieder Menschen, denen die Ruhe als erste Bürgerpflicht außerordentlich mißfällt; die ständig nach irgendeiner Gelegenheit suchen, um das errungene, relativ friedliche Zusammensein zu stören.

Solch eine Gelegenheit ergab sich beim großen Frühlingsfest.

10.

# Das Maulener Frühlingsfest
# Oder:
# Gelegenheiten
# muß man
# beim Schopfe fassen

*»Das Leben froh genießen*
*ist der Vernunft Gebot,*
*man lebt ja nur so kurze Zeit*
*und ist so lange tot.«*

Das Feiern wurde in Maulen groß geschrieben, wie wir bereits wissen. Auf die traditionellen Feste im Jahreskreis wollte niemand verzichten. Da gab es den Feuerwehrball mitten im Hochsommer, das Erntefest im Herbst – beginnend im Freien, mit zunehmender Nachtkälte in den Gemeindesaal verlegt – und die Weihnachtsfeier mit Krippenspielen, Chorgesang, poetischen Deklamationen, einem großen Fressen, einem intensiven Besäufnis und anschließendem Tanz. Aber auch Taufen, Hochzeiten und Begräbnisse entwickelten sich jedesmal zu gemeinschaftlich begangenen Festivitäten.

Ein ganz besonderes Ereignis war alljährlich das Maulener Frühlingsfest, gemeinsam veranstaltet von der Freiwilligen Feuerwehr, dem Soldaten- und Veteranenverband sowie dem Turn- und Sportverein. Für den ordnungsgemäßen Ablauf der Feierlichkeiten glaubte man eine Garantie zu haben: Ehrenvorsitzender aller drei Träger dieser Veranstaltung war kein geringerer als Major Wehrenalp.

Indessen hatten die friedfertigen Maulener Bürger ihre Rechnung ohne die drei jugendlichen Störenfriede gemacht: Horst-Heinz Kroger, Waldemar Bachus und Konrad Kaminski. Diese Jünglinge fanden Vergnügen daran, das Vergnügen ihrer Mitmenschen zu verhindern. Diesmal hatten sie sogar untereinander eine Wette abgeschlossen: Sie wollten herausfinden, wer von ihnen die größte Begabung besaß, Unfug zu stiften; der »Sieger« sollte dann von den »Verlierern« geehrt werden.

In dem Plan, den sich das Früchtchen Waldemar, Sohn von Pfarrer Bachus, ausgedacht hatte, spielte das bedauernswerteste Wesen von Maulen eine Rolle: Egon. Er war ein Knecht des Bauern Lipski. Niemand wußte, woher er eigentlich gekommen war. Sein Alter konnte man nur schätzen; er zählte wohl so zwischen vierzig und fünfzig Jahre. Manche Leute sagten, er sei eine »Seele von Kamel«, andere nannten ihn den »Dorftrottel vom Dienst«. Jedenfalls war dieser Egon ein unbedarftes, fleißiges, genügsames Männchen. Wer ihn froh machen wollte, spendierte ihm gelegentlich ein Schnäpschen; danach hatte er ein ständiges Verlangen.

So ein, zwei, drei Gläschen konnte er vertragen, da war er auf freundliche Weise dankbar. Kamen noch weitere Gläschen hinzu, geriet Egon unversehens in eine Stimmung der Glückseligkeit. Dann sang er artige Lieder und führte graziöse Freudentänze auf.

Floß allerdings der Alkohol allzu reichlich, verwandelte sich der biedere Egon in ein lautstarkes Monstrum, das verwegene Wortgebilde von sich gab, sie geradezu herauskotzte. Dann lästerte er Gott und die Welt, beschimpfte alle Leute, die er kannte, und wurde immer hemmungsloser. Dieses seltsame Schauspiel ereignete sich regelmäßig bei allen Maulener Festen und begann jeweils gegen Mitternacht – so lange brauchte Egon, um sich mit erschnorrten Schnäpsen vollzupumpen. Die Zuschauer fanden so was ergötzlich, da sie zu diesem Zeitpunkt ja ebenfalls schon reichlich alkoholisiert waren. So hatte Egon volle Narrenfreiheit, bis er schließlich zusammenbrach und unter dem Gejohle der anderen Säufer abtransportiert wurde.

Beim diesjährigen Frühlingsfest jedoch kam Egons Sonderdarbietung, sein »Säufer-Solo«, mit überraschender Schnelligkeit.

Schuld daran waren die drei Freunde Horst-Heinz,

Waldemar und Konrad. Zur Feier des Tages hatten ihre Väter ihnen großzügigerweise je eine ganze Reichsmark spendiert. Die Hälfte davon, fünfzig Pfennige, brauchte man für den Erwerb einer Eintrittskarte. Für die anderen fünfzig Pfennige konnte man sich einen Wunsch erfüllen, zum Beispiel ein paar Würstchen mit Brot und ein Bier – oder auch fünf Schnäpse kaufen. So verschwenderisch veranlagt war man damals.

Die drei Unzertrennlichen teilten sich die Sache anders ein. Statt Eintritt zu zahlen, schmuggelten sie sich durch Hintertüren in den Trubel. Waldemar kassierte von den Freunden deren Mark, legte seine dazu und finanzierte mit diesen stattlichen Moneten die Frühlingsfestfreude von Egon. Die drei Mark waren sozusagen Betriebsunkosten.

Als Egon die erste Mark bekam mit der eindeutigen Weisung: »Also nun sauf mal schön, auf unser Wohl!«, ließ er sich das nicht zweimal sagen. Er eilte zur Theke und rief: »Zehn Klare! Schnell, schnell! Ich bezahle bar!«

Geradezu mit Rittergutsbesitzergeste warf er seine Münze hin und sah erwartungsvoll zu, wie die Klaren vor seinen Augen aufgereiht wurden, Gläschen für Gläschen – ein starkes Gebräu, angeblich aus reinem Getreide. Und diese Zehnergruppe kippte er dann in sich hinein, Schluck für Schluck, wobei er jedes Glas vorher freudig beschnupperte.

Die drei Freunde registrierten im heimlichen Triumph die Wirkung ihrer alkoholischen Gaben. Egon wurde immer freundlicher und heiterer, breitete die Arme aus, sang vor sich hin, begann sich im Tanz zu drehen. All das war noch vergleichsweise harmlos.

Erst die nächste, diesmal von Waldemar finanzierte, geballte Zehnerladung führte zu stärkeren Einbrüchen. Beim fünfzehnten Gläschen hatte Egon plötzlich einen dunkel versonnenen Blick. Und nach dem zwanzigsten wankte er in den Saal des Gemeindehauses, wo die Honoratioren von Maulen feierlich an einem großen Tisch saßen. Sogar der Exbriefträger und jetzige NSDAP-Ortsgruppenleiter und SA-Häuptling Ritzler war darunter – er hatte damit gedroht, seine gesamte SA aufmarschieren zu lassen, wenn man ihm nicht jenen Platz zuweise, der ihm gebühre. So hockte er also mit am Mittelpunkttisch, wenn auch mehr zum Rande hin.

Vor diesem Tisch stand nun Egon, voll des scharfen Schnapses. Er streckte beide Zeigefinger weit aus in Richtung des Stuhles, auf dem Pfarrer Bachus saß. Dann lallte er laut und immerhin noch gut verständlich: »Du Kirchenkerl, schäbiger!«

Anschließend wanderten seine Finger in Richtung Hauptlehrer Sandmann, der mit dem Ausruf beglückt wurde: »Du Steißtrommler, elendiglicher!«

Bei Major Wehrenalp, der nunmehr an die Reihe kam, mangelte es selbst Egon an Worten; er stotterte lediglich: »Und dann du, du . . .!«

Erst als er Ritzler erblickte, kam er wieder groß in Fahrt: »Was hast du denn hier zu suchen?« rief er. »Auf so ein Arschloch wie dich haben wir gerade gewartet! Ein Loch bist du, das immer breiter und größer wird. Ein Loch . . . das ist alles, woraus du bestehst . . .«

Wehrenalp, Protektor dieses Frühlingsfestes, reagierte gelassen angesichts des trunkenen Auftritts. Er forderte den neuen Gendarmen Müller auf, seines Amtes zu walten, also den Kerl wegzuschaffen.

So geschah es dann auch. Egon machte zwar keinerlei Anstalten, sich zur Wehr zu setzen, doch schwenkte er seine Arme, als sei er ein römischer Gladiator, der sich in einer Arena für den ihm zuteil gewordenen Beifall bedankt. Und tatsächlich kamen hier nun Beifallsbekundungen auf – sogar verdächtig starke.

Diese peinliche Situation wurde im wahrsten Sinne des Wortes überspielt, oder eben übertönt, von einem Oberfeldwebel der Infanterie namens Schilling: Als Musikmeister des hier angeheuerten Orchesters vom I. Bataillon des Infanterieregiments Nummer eins hob er geistesgegenwärtig den Taktstock. Und seine Männer bliesen, trompeteten, posaunten die überall bekannte und beliebte Ouvertüre zu »Dichter und Bauer«. Zum Entzücken einiger der anwesenden Damen erklang danach »Die kleine Nachtmusik« von Mozart. Und für alle, die damit nicht allzuviel anzufangen wußten, speziell für die Männer, war wohl die dritte Darbietung dieses vorzüglichen Orchesters gedacht: der Marsch »Alte Kameraden«.

Nun schien diese Welt wieder rundherum in Ordnung zu sein. Pfarrer Bachus erhob sich und gab eine seiner groß gedachten Reden von sich; fest überzeugt davon, daß die Zuhörer seinen Worten bereitwillig lauschten. Diesmal ließ er sich allerdings nicht über Düngemethoden und landwirtschaftliche Praktiken aus, sondern verlor sich in hymnische Lobpreisungen des himmlischen Mozart und der herzenstiefen deutschen Innerlichkeit. Seine Ausführungen gipfelten in der Behauptung, das deutsche Wesen sei ein Wert, dessen man sich glücklich zu schätzen habe. Und er schloß mit dem Ausruf: »Der Herr, unser Gott, hat es gut mit uns gemeint!«

Kaum hatte der Pfarrer geendet und sich noch gar nicht richtig wieder hingesetzt, da drängte sich Hauptlehrer Sandmann eifrig in den Vordergrund. Was viele Gäste, die ihn kannten, bereits befürchtet hatten, trat tatsächlich ein: Er ließ sein neuestes poetisches Werk vom Stapel, das den Titel »Heimatgedanken« führte und aus zwölf langen Versen bestand. Es begann mit den Worten: »In Deutschland, in Maulen, ist unsere

Welt / Da sind wir zum Schaffen und Denken bestellt ...«

Erstaunlicherweise hörten alle Gäste mit schier grenzenloser Geduld zu; vermutlich glaubten sie, vor einem bedeutenden Kunstwerk der Zeitgeschichte müsse man in stiller Ehrfurcht verharren. Trotzdem waren sie erleichtert, als Major Wehrenalp den schriftstellernden Schulmeister ablöste, um mit kurzen, knappen Sätzen ein paar patriotische Schlagworte in den Saal zu donnern:

»Das deutsche Vaterland, das wir lieben über alles in der Welt, kann sich auf jeden von uns verlassen. Denn wir sind eine untrennbare Gemeinschaft nach Abstammung, Sprache, Kultur und ein bewußtes geschichtliches Erleben. Auch hier in Maulen bekennen wir uns zum deutschen Volkstum im ewigen Schicksalsstrom. Und wie die Jahreszeiten ineinander übergehen, so lösen die Generationen einander ab und tragen unsere Hoffnungen in die Zukunft. In diesem Sinne feiern wir das Frühlingsfest als Beginn des neuen Jahres und als Beginn neuen Mutes und neuer Taten. Unser Deutschland, es lebe hoch!«

Als alle im Saal ein dreifaches »Hoch!« riefen, erhob sich der braune Ortsgruppenleiter Ritzler von seinem Platz, in der Absicht, Wehrenalps vaterländische Ausführungen im Sinne der nationalsozialistischen Weltanschauung zu »vertiefen«. Es genüge nicht, vom Volkstum nur zu reden, gedachte er da wohl zu sagen, sondern man müsse es praktizieren, indem man für die Reinhaltung der arischen Rasse sorge und alle Volksschädlinge rücksichtslos ausmerze. Auch in Maulen gehe es nicht länger an, die Deutschen, Juden und Polen in einen Topf zu werfen. Da müsse ein klarer Trennungsstrich gezogen werden, weil es sonst um die Zukunft des deutschen Volkes schlecht bestellt sei.

So etwa wollte er also wirre Gedanken hinausposaunen, die man ihm vorher auf Parteilehrgängen eingetrichtert hatte. Aber ehe es dazu kam, gingen im Gemeindesaal plötzlich sämtliche Lichter aus. Unter Aufschreien unterschiedlichster Art versank die Festgemeinde in völlige Dunkelheit. Man vernahm auch laute Rufe wie: »Nun laß mal dein Licht leuchten, Parteigenosse Ritzler!« Oder: »Jetzt ist es hier genauso duster wie in deinem Arsch!«

Es ist da wohl wichtig zu wissen, daß damals, im Jahr 1933, elektrisches Licht im tiefsten Ostpreußen noch immer eine Art Mangelware war. Wohl hatte eine geschäftstüchtige Gesellschaft bereits ein Stromnetz bis hin nach Maulen ausgebaut, doch waren daran bisher nur wenige Häuser angeschlossen, wie das Rittergut und der Gemeindesaal. In dieser Gegend lebte man noch »natürlich«.

Was hieß: in den Wohnungen kam kein Licht aus vorfabrizierter Energie von der Decke, vielmehr benutzte man Petroleumlampen. Wasser floß nicht aus der Wand, sondern wurde vom Brunnen geholt. Menschlich-allzumenschliche Bedürfnisse mußten in einem eigens dafür gezimmerten, abseits stehenden Häuschen erledigt werden – falls man es nicht vorzog, für Kleinigkeiten einfach irgendwo ins Freie zu gehen oder in der kälteren Jahreszeit den meist in einer Küchenecke stehenden sogenannten Patscheimer zu benutzen.

Es gab auch keine Radioapparate oder abschnurrende Schallplatten. Von Filmvorführungen hatte man hier nur gerüchtweise gehört, ohne sich vorstellen zu können, was dabei eigentlich passierte. Musik wurde in dieser Gegend sozusagen ausschließlich »live« gemacht, also von Menschen für Menschen; ohne Zwischenschaltung moderner Technik. Ob getanzt wurde oder ob man marschierte – die Feuerwehrkapelle war immer gern zur Stelle. Ab und zu gab es Gastspiele von allerbesten Militärmusikern, wie bei diesem Frühlingsfest. Stets stellte sich auch der ortsansässige Männerchor zur Verfügung.

Im Gemeindesaal herrschte noch immer Dunkelheit, was die Folge eines Kurzschlusses war, den Horst-Heinz Kroger, Sohn des ehemaligen Dorfpolizisten, absichtlich herbeigeführt hatte. Doch bald wurden die Petroleumlampen angezündet, die noch aus der Zeit vor dem Anschluß an das Elektrizitätsnetz überall herumhingen. Ihr anheimelnder, im Vergleich zu der bisherigen grell-kalten elektrischen Lichtflut geradezu gemütlicher Schein vermittelte eine romantische Atmosphäre. Zu der es aber gar nicht paßte, daß Ortsgruppenleiter Ritzler beharrlich wütend am Rednerpult stand und Wehrenalp empört anfauchte: »Was hatte denn das zu bedeuten? War es etwa Ihre Absicht, mich am Reden zu hindern?«

»Nun machen Sie sich mal nicht gleich in die Hose, mein Lieber«, entgegnete der Major gelassen. »Gegen höhere Gewalt ist kein Kraut gewachsen.« Dann rief er laut zu Musikmeister Schilling hinüber: »Musik, wenn ich bitten darf! Das Fest geht weiter!«

Der Orchesterleiter reagierte auffällig schnell und rief seinen Musikern zu: »Einhundertfünfundsiebzig!« Diese Zahl mochte gerade jetzt beziehungsvoll erscheinen, weil da mancher vielleicht eine Gedankenverbindung zu einem gewissen Strafgesetzbuch-Paragraphen über männliche Intimbeziehungen konstruierte, welche dem Obersten SA-Führer und etlichen seiner Gefolgsleute nachgesagt wurden. Doch damit war hier lediglich die Orchester-Spielnummer des »Badenweiler Marsches« gemeint, der nun in voller Lautstärke aufklang.

Doch Ritzler, den SA-Oberhäuptling von Maulen, konnte selbst diese Lieblingsmelodie Adolf Hitlers nicht mehr beruhigen. Erbost darüber, daß man ihm seine schöne Rede verpatzt hatte, hockte er sich rachebrütend auf seinen Stuhl. Die drei Bösewichter, die den ganzen Schlamassel verursacht hatten, zogen sich in eine Ecke zurück, um Kriegsrat zu halten. Jeder hatte eine – natürlich bezahlte – Flasche Bier in der Hand; und Waldemar sowie Konrad fragten ihren Kumpan Horst-Heinz: »War diese Sache mit dem Kurzschluß schon alles, was du uns zu bieten hast?«

»Werdet bloß nicht ungeduldig«, feixte der Kroger-Sohn. »Das Schlüsselwort für meine nächste Aktion heißt: Wasser!«

Wasser, das Lebenselixier der Menschen und Tiere, gab es in dieser Gegend in verschwenderischer Fülle. Ostpreußen sei das Land der tausend Seen, wurde gesagt. Ein Irrtum! Nicht eintausend, sondern nahezu dreitausend Seen konnte man zählen, wenn man sich die Mühe gab; eine fast unvorstellbare Menge. Darüber hinaus verströmten lange, schnelle Flüsse ihr Wasser in unzählige Bäche und Teiche – und in die Brunnen, die an jedem Haus zu finden waren.

»Der Brunnen gleich neben dem Gemeindesaal«, sagte Horst-Heinz Kroger, »liefert das Wasser, mit dem hier die Gläser gespült werden. Und wenn das Wasser nicht mehr so sauber ist, wie es sein soll – was meint ihr, was dann passiert? Jedenfalls habe ich vorhin den Schöpfeimer so ein bißchen präpariert.«

Die Freunde konnten schon bald im Saal beobachten, welche Folgen der neue Streich hatte. »Sauerei, verdammte!« rief einer, der sich gerade ein Bier geholt hatte. »Was haben die denn in der Küche mit den Gläsern gemacht? Ist das vielleicht Kuhscheiße, die da dran klebt?«

Von anderen Tischen waren ähnliche Klagen zu hören. Und Waldemar flüsterte Horst-Heinz ins Ohr: »Nicht schlecht, du Specht!« Von dem kleinen Konrad wollte er dann wissen: »Na, und was hast du denn zu unserer Wette beizutragen?«

Wie sich herausstellte, wollte der Sohn des Schnapsbrenners Kaminski noch einmal, wie schon beim letzten Sommernachtsfest, die Musikkapelle »ausschalten«.

In tagelanger, wahrhaft gründlicher Kleinarbeit, so erläuterte er seinen Mitverschworenen, habe er das Musikpodium an mehreren Stellen angesägt, gleichzeitig jedoch abgeblockt. »Und drunter ist viel Heu gestapelt, damit nichts Schlimmes passiert, sobald die von oben runterpurzeln, so einer nach dem andern.«

»Wenn das tatsächlich klappt, bist du der Größte, mein Kleiner!« meinte Waldemar Bachus. Horst-Heinz nickte beipflichtend. »Und du glaubst wirklich, es haut hin?«

»Hinhauen ist genau das richtige Wort. Ich habe das Ganze nämlich nach dem Prinzip eines Schiff-Stapellaufs angelegt. So was konnte ich erst neulich auf der Werft in Osterode beobachten: Nur ein einziger kräftiger Schlag an der richtigen Stelle und in der richtigen Stärke, dann verliert so ein Kahn allen Halt und gleitet ins Wasser. Bei uns geht er ins Heu. Wir lassen also gewissermaßen ein Podium vom Stapel – akustisch schön getarnt durch einen Paukenschlag.«

Niemand achtete auf die drei Jungen, als sie sich ans Werk machten. Es wurde der »Schlittschuhläufer-Walzer« gespielt. Major Wehrenalp schwenkte die Pfarrersfrau herum, Ritzler bemühte sich um die Wehrenalpdame, der schöne Hansi hatte sich auf die Gastwirtin gestürzt; und Exgendarm Kroger tanzte mit seiner Maria Marunke. Alle glaubten sie, jetzt erst beginne das große Vergnügen; also schwoften sie mit einem Schwung, daß der Fußboden leicht staubte.

Unvermittelt, bei einem der nächsten Paukenschläge, das Orchester verausgabte sich gerade im vollen Einsatz, sackte das Podium in sich zusammen, rutschte langsam ab. Die Musiker schwankten, versuchten sich aneinander zu klammern, starrten erschrocken zu Boden. Und während die harmonischen Töne ihrer Instrumente verjaulten, versank das gesamte Orchester, samt Dirigent, zwischen prasselnden Brettern und polternden Balken und landete im Heu.

Dabei wurde keine Rippe gebrochen, kein für edel gehaltenes Körperteil beschädigt. Immerhin gingen etliche Musikinstrumente zu Bruch. Ein Mann fiel mitten in die Pauke und zertrümmerte sie. Eine Trompete verwandelte sich in verbogenes Blech. Eine Klarinette zerbrach in zwei fast gleiche Hälften. Ein Flügelhorn erinnerte plötzlich an eine platte Flunder. Und die große Tuba sah aus, als habe sie ein Riese in einem gewaltigen Mörser zerstampft.

Orchesterleiter Schilling stemmte sich mühsam aus den Trümmern, betrachtete erschüttert das chaotische Durcheinander und meinte bedauernd: »Leider sind wir nicht mehr aktionsfähig.«

Die brutal aus ihrer Fröhlichkeit gerissenen Festgäste fragten sich, wem sie diese Schweinerei wohl zu verdanken hätten. Sie begannen sich gegenseitig zu verdächtigen. Bei dieser günstigen Gelegenheit holten sie allen irgendwie aufgestauten Ärger aus der seelischen Versenkung, wurden schließlich handgreiflich.

Es entwickelte sich eine regelrechte Keilerei. Sogar Ritzler schien Anstalten zu machen, sich auf seinen Gegenspieler Wehrenalp zu stürzen. Pfarrer Bachus hob beschwörend die Arme.

Der neue Polizist versuchte die Ordnung wiederherzustellen. Aber dies gelang nicht ihm, sondern dem Hauptlehrer Sandmann, der laut rief: »Wir sollten gemeinsam ein schönes Lied singen!«

Eine Anregung, die unverzüglich aufgegriffen wurde. Die braunen Ritzler-Mannen stimmten das Horst-Wessel-Lied an: »Die Fahne hoch, die Reihen fest geschlossen, SA marschiert mit ruhig festem Schritt . . .«

Die Wehrenalp-Mannschaft konterte mit der Nationalhymne: »Deutschland, Deutschland über alles, über alles in der Welt . . .«

So brüllten sie sich an. Versuchten einander zu übertönen. Politische Kabalen, ohne Liebe, aber mit Gesang.

»Welch ein schöner Effekt!« stellten die drei befreundeten Knaben beglückt fest. »Das sollten wir bald wiederholen.«

# 11.
# Tobias und die Brinkmann-Brüder Oder: Manchmal muß sogar ein armer Hund wichtige Entscheidungen treffen

*»Wolken sind unsere Berge.*
*Himmel und Erde sind bei uns eins.*
*Ohne Wasser, Bäume und Tiere*
*können wir nicht sein.«*

Brinkmann hieß er, der Bäcker von Maulen. Ein ungemein arbeitsamer Mensch von verträglichem Wesen. Sein täglich frisches Brot, im Holzkohleofen gebacken, war etwas Besonderes. Schon allein dessen Duft lockte unwiderstehlich zum Kauf – und das, obwohl es hier noch in jedem Haus einen familieneigenen Backofen gab und die Hausfrauen das Brotbacken nach alter Überlieferung beherrschten. Doch die Brinkmann-Brote schmeckten eben besser. Ob es die Kruste war oder ein besonderes Mehl oder was auch immer – es blieb ein Geheimnis des Bäckermeisters.

Anfangs war es für ihn recht mühsam gewesen, sich eine Existenz aufzubauen. Aber das schaffte er, dank seines Willens zur Qualität, seines Fleißes, seiner Preiswürdigkeit und seiner unkonventionellen Einfälle. In letzter Zeit schob er gelegentlich sogar Hörnchen, Schnecken und sogenannte »Amerikaner« in den Backofen, die köstlich schmeckten und trotzdem nicht teuer waren; fünf oder zehn Pfennige kosteten sie pro Stück. Reich konnte Brinkmann davon nicht werden, aber er lebte alles in allem nicht schlecht.

So hätte er denn mit seiner braven, brotlaibrundlichen Frau, die seine Ware verkaufte und austrug, und mit seinen beiden recht gutgeratenen Töchtern, sieben und neun Jahre alt, durchaus zufrieden sein können – würde es da nicht in seiner Familie eine dunkle Besonderheit gegeben haben: Brinkmanns älteren Bruder Balduin.

Balduin war, wie man so sagt, aus der Art geschlagen. Obwohl der eigentliche Brinkmann-Erbe, hatte er das Geschäft gegen einen kleinen Pachtbetrag und die regelmäßige Belieferung mit Naturalien seinem jüngeren Bruder überlassen, wobei er ausgerufen haben soll: »Von mir aus kannst du diesen Leuten Brot backen – ich jedoch gönne ihnen höchstens den Anblick meines Arsches.«

Das war vor acht Jahren gewesen, 1925. Danach hatte sich Balduin, ohne sein Dorf noch mal zu betreten, in den dichtesten Wald beim See zurückgezogen und dort eigenhändig eine Blockhütte gebaut. Darin hauste er seitdem, las in dicken Büchern und braute aus selbstgesammelten geheimnisvollen Kräutern Gesundheitselixiere, die sich sogar recht gut verkaufen ließen. Oft durchstreifte er die Wälder und das Seeufer, griff erkrankte oder verletzte Tiere auf – Rehe mit gebrochenem Bein, Wildenten mit lädiertem Flügel, angeschossene oder in eine Falle geratene Hasen – und pflegte sie gesund. Irgendwann ergab es sich, daß ihm Bauern der Umgebung ihre erkrankten Schweine, Schafe oder Kühe in Pflege gaben; und seine Erfolge brachten ihn in den Ruf, ein hervorragender »Tierdoktor« zu sein.

Man nahm dabei in Kauf, daß Balduin ein Sonderling war; er galt als unzugänglich, schwierig, leicht verletzlich und beleidigend streitsüchtig. Es war am besten, ihn möglichst in Ruhe zu lassen, und es gab nur selten Begegnungen mit ihm und den Maulener Bürgern. Auch die Brüder sahen sich so gut wie nie.

Das änderte sich erst durch einen Hund.

Dieses Geschöpf, wahrlich kein sonderliches Prachtexemplar, vielmehr ein verwilderter Bastard, eine seltsame Mischung aus Hirtenhund und Pudel, hatte sich eines Tages vor Brinkmanns Backstube eingefunden, um sich dort dem so wundervoll riechenden frischen Brot entgegenzuschnuppern. Er bekam auch tatsächlich eine gut bemessene Portion. Und fortan gehörte er zum Haushalt des Bäckermeisters, der das neue Familienmitglied Tobias taufte.

Tobias erwies sich zunächst als treu und zuverlässig und wich seinem neuen Herrn nicht mehr von der Seite. Wenn der Bäckermeister die Hefe zum Gären brachte, den Teig verknetete oder Brotlaibe formte, beobachtete Tobias ihn mit seinen großen klugen Augen. Und sobald sich Brinkmann nach des Tages Arbeit zu seiner lieben Frau in das Doppelbett begab, legte sich der Hund zwischen die beiden und tat so, als sei das die selbstverständlichste Sache der Welt.

Der Bäcker liebte seinen Hund über alles und konnte sich kaum vorstellen, daß es einmal eine Zeit ohne Tobias gegeben hatte. Kein Wunder, daß Brinkmann blankes Entsetzen packte, als sein Liebling eines Morgens, im frühen Sommer 1933, spurlos verschwunden zu sein schien. Einfach weg war er, nicht mehr da, offenbar abgehauen. Oder sollte den irgend jemand aufgegriffen und eingesperrt haben? Entführt? Gestohlen?

Brinkmann ließ seinen Brotteig stehen, kümmerte sich nicht mehr um das Feuer in seinem Ofen und eilte durch das Dorf. Er rief nach seinem Freund Tobias. Doch so klagend und beschwörend seine Stimme auch klang – es war vergebens!

Daraufhin drang er, auf das äußerste verstört, in das Gemeindehaus ein, wo gerade eine Sitzung der Gewaltigen des Ortes stattfand, die da wohl über das Wohl und Wehe der Maulener Einwohner zu entscheiden gedachten. Bürgermeister Vierholzer gehörte dazu, der Großbauer mit dem mitten im Dorf gelegenen, gut verwertbaren Grund und Boden. Ferner Major Wehrenalp, der noch immer glaubte, sich auf seine deutschnationalen Mitstreiter verlassen zu können. Dann der immer sendungsbewußter werdende SA-Häuptling und

NSDAP-Ortsgruppenleiter Ritzler, der seine fragwürdigen Glaubenssätze und Kernsprüche geradezu aus sich herauskotzte. Schließlich der Schöngeist und Hauptlehrer Sandmann, der vaterlandsliebende protestantische Pfarrer Bachus, selbstverständlich auch der um Zucht und Ordnung bemühte neue Gendarm Müller.

Sie alle wurden unvermutet aufgeschreckt, als sich Bäcker Brinkmann mitten unter sie stürzte und mit durchdringender Stimme verkündete: »Tobias, mein geliebter Hund, ist verschwunden! Man hat ihn heimtückisch entführt. Ich verlange, daß nach ihm gesucht wird. Darauf bestehe ich!«

Die versammelten Honoratioren von Maulen blickten den Bäckermeister an, als habe er soeben ein Heiligtum entweiht. Auf jeden Fall schien der mit seinem kleinen, offensichtlich unwichtigen Privatanliegen einige große, zukunftsweisende Planungen der Ortsgewaltigen auf recht peinlich-aufdringliche Weise gestört zu haben.

»Daß ich nicht lache!« erklärte Ritzler mit einer geringschätzigen Armbewegung; die allerdings so aussah, als sei er schon wieder auf halbem Wege zum Hitlergruß. »Hier geht es um entscheidende Entschlüsse zum Wohle der Volksgemeinschaft – und da kommst du hereingeschneit wegen deines kläffenden Köters. Mensch, was soll das denn?«

»Was das soll?« fauchte ihn Brinkmann wütend an. »Ihr Angeber glaubt doch nicht etwa, daß euer Geschwätz irgendwas wert ist gegen das Schicksal eines Lebewesens – und mein Hund ist ein Lebewesen, er gehört zur Familie! Ich denke, dein Verein, du Armleuchter, schützt die Familie? Ist dem so – oder nicht? Jetzt kannst du das beweisen!«

»Nur ruhig, meine Freunde, nur ruhig!« versuchte

der Bürgermeister zu besänftigen. »Immer eins nach dem anderen, und alles zu seiner Zeit.«

Pfarrer Bachus stellte bedächtig fest: »Wir sollten da doch wohl auf dem Teppich bleiben, also die Welt so sehen, wie sie nun einmal ist, wie Gott sie geschaffen hat. Dabei hat es uns in erster Linie um die Seele und das Seelenheil zu gehen; wobei wir das Tier, so sehr wir es auch schätzen, auf keinen Fall einfach dem Menschen gleichsetzen dürfen. So was wäre ein Mißverständnis des göttlichen Willens.«

»Wenn Sie so denken«, rief Bäcker Brinkmann streitsüchtig, »werde ich katholisch! Denn bei diesen Katholiken soll es sogar einen Heiligen geben, der mit den Tieren gesprochen und zu ihnen gepredigt hat.«

»Vielleicht«, meldete sich der Gendarm zu Wort, »hat dieser Hund gewildert, worauf er erschossen werden mußte.«

»Leider, leider kann so was immer mal vorkommen«, murmelte der Hauptlehrer betrübt vor sich hin.

»Wer meinen Hund abknallt, den knalle ich auch ab, ganz gleich, wer das ist«, rief Brinkmann erbost.

»So kommen wir nicht weiter«, mischte sich jetzt Major Wehrenalp ein. Er erkannte den günstigen Augenblick, sich erneut als väterlicher Beschützer der Maulener Bevölkerung zu profilieren. »Tiere gehören nun mal zu unserem Leben – egal, wie man sie hier oder dort einschätzt. Und wo Not am Mann ist, müssen wir zusammenstehen und helfen. Meine Männer vom Stahlhelm werden nach deinem Hund suchen, Kamerad Brinkmann. Dafür verbürge ich mich.«

Ritzler, nicht auf den Kopf gefallen, durchschaute sofort das Spiel des Majors. Mithin beeilte er sich, dessen Vorsprung aufzuholen. »Meine SA wird sich selbstverständlich beteiligen«, verkündete er.

Und so kam es zu einer in der Geschichte des Dorfes

einmaligen Maulener Sensation: Stahlhelm und SA zogen vereint, gewissermaßen Hand in Hand, von Haus zu Haus, von Hof zu Hof, schauten in alle Stallungen, Scheunen und Schuppen und hatten nur das eine einzige gemeinsame Ziel: Tobias zu finden, den Hund des Bäckermeisters Brinkmann.

Doch Tobias blieb verschwunden. Es war ein Rätsel. Niemand konnte sich denken, was geschehen war.

Nach Abschluß der enttäuschenden Aktion sagte der Bürgermeister zum Bäcker: »Wir haben getan, was wir konnten. Damit solltest du dich zufriedengeben.«

»Niemals!« rief Brinkmann. »Solange mein Tobias nicht gefunden wird, backe ich für Maulen kein Brot mehr. Das ist hiermit beschlossen und verkündet!«

Unter normalen Umständen hätte man diese erschreckende Drohung gar nicht ernst zu nehmen brauchen. Doch man war hier in Ostpreußen. Noch dazu in Maulen. Zudem kannte jeder die Eigenwilligkeit und Unberechenbarkeit des Bäckers. Der war tatsächlich imstande, eines Hundes wegen die Maulener Bürger hungern zu lassen. Also wurde Gendarm Müller amtlich beauftragt, alles Weitere zur Aufklärung dieses Falles zu veranlassen.

Gendarm Müller nahm diesen Befehl zwar widerspruchslos entgegen, war aber absolut ratlos. Nach langen Überlegungen kam er auf die Idee, sich an seinen Vorgänger Kroger zu wenden; vielleicht wußte der, was man tun, wo man noch suchen konnte.

»Welch eine unsinnige Geschichte!« jammerte Müller, als er seinen Exkollegen auf dem Marunke-Hof besuchte. »So ein verrücktes Theater um irgendeinen kleinen Hund. Nicht mal rasserein ist er. Nur ein Bastard!«

»Auf Rasse kommt es nicht an«, belehrte ihn Kroger. »Bei uns in Maulen jedenfalls, und das bleibt hoffentlich immer so – trotz dieses Rassengeschwätzes eines

Hitler und Ritzler und all der Leute, die mit solchen komischen Gestalten sympathisieren. Und was den Hund Tobias betrifft, so könnte man sich eventuell mal bei dem Bruder dieses Brinkmann umsehen, der als Einsiedler im Wald haust. An den hat bis jetzt bestimmt noch niemand gedacht.«

Auf dem kürzesten Weg begab sich der Gendarm in den dichten Wald beim Maulensee, fand dort die selbstgezimmerte Blockhütte des Brinkmann-Bruders Balduin. Wobei er seinen Augen kaum traute, als er vor der Tür den vielgesuchten Hund Tobias entdeckte. Der lag friedlich in der Sonne, hatte alle vier Beine wohlig ausgestreckt und blickte dem nahenden Ordnungshüter freundlich entgegen.

»Da bist du ja!« rief Müller erleichtert. »Also dann komm mal mit. Dein liebes Herrchen wartet schon auf dich.«

Plötzlich tauchte Balduin auf, der Hüttenbewohner, Waldschreck und Kräutersammler, ein Koloß von einem Kerl. Er trug einen verknautschten Anzug und Holzschuhe, besaß einen mächtigen Vollbart und lang herabwallende Haare. Seine Stimme allerdings wirkte wie die eines Kindes, als er mit unwilligen Untertönen fragte: »Was ist los? Was wollen Sie hier?«

»Ich fahnde nach einem als vermißt gemeldeten Hund und bin auf dem von Ihnen bewohnten Grundstück fündig geworden. Ich ersuche Sie amtlich, mir das Tier auszuliefern, damit ich es dem rechtmäßigen Besitzer zurückbringen kann.«

»Wie Sie ganz richtig festgestellt haben«, entgegnete der Waldmensch, »befinden Sie sich auf meinem Grund und Boden, ohne dazu befugt zu sein oder meine Erlaubnis eingeholt zu haben. Zweitens hat mich der Hund, von dem Sie sprechen, freiwillig besucht und ist mir als Gast herzlich willkommen. Es besteht also keinerlei Anlaß, geschweige denn eine gesetzliche Handhabe, mich oder meinen Gast in irgendeiner Weise zu belästigen. Ich fordere Sie deshalb auf, ebenso schnell wieder zu verschwinden, wie Sie hier unberechtigt eingedrungen sind.«

Der Gendarm mußte zugeben, daß er sich in einer schlechten Position befand. Außerdem war ihm der Hund ohnehin schnuppe. Auf jeden Fall hatte er herausgefunden, wo sich das Tier befand, und konnte entsprechende Meldung machen.

Als Bäcker Brinkmann die Sachlage erfuhr, eilte er unverzüglich zur Hütte seines Bruders. Gendarm Müller begleitete ihn, hielt sich allerdings in geradezu respektvoller Entfernung.

Hund Tobias wedelte freudig mit dem Schwanz, als er seines Herrchens ansichtig wurde. Brinkmann kniete nieder und umarmte ihn: »Wie konntest du mir das antun, mein geliebter Kleiner?«

Der Kleine sah den Bäckermeister halb traurig, halb treuherzig an und leckte seine Hände, als wolle er zum Ausdruck bringen: Ich verstehe deine Sorge, verzeih mir bitte.

Als Balduin, der Waldmensch, aus der Hütte trat, rief Brinkmann: »Was willst du denn noch von mir? Habe ich nicht für dich getan, was ich konnte? Willst du mir jetzt auch noch meinen Hund wegnehmen? Meinen Tobias, der mir mehr bedeutet als alles andere!«

»Aber das will ich doch gar nicht!« verteidigte sich Balduin. »Du verkennst mich wieder mal, Bruder! Ich habe den Hund weder gerufen noch sonst irgendwie angelockt. Er tauchte von ganz allein hier auf, und ich habe ihn willkommen geheißen. Wie du siehst, scheint er sich bei mir sehr wohl zu fühlen. Gönnst du ihm das nicht?«

Tobias blinzelte von einem Bruder zum anderen und

bellte einmal kurz auf. Das konnte durchaus heißen: Ja, Balduin hat recht.

Brinkmann lag es allerdings völlig fern, eine solche Auslegung auch nur in Erwägung zu ziehen. Er rief: »Komm, Tobias, wir gehen nach Hause!« Und der Hund folgte ihm prompt.

Wer nun dachte, daß die Angelegenheit damit erledigt sein würde, irrte sich gewaltig. Denn nur drei Tage später verschwand Tobias erneut – und wurde wiederum im Wald vor Balduins Hütte aufgestöbert. Ganz offensichtlich fühlte sich der Hund zu beiden Brinkmann-Brüdern hingezogen.

Maulen hatte damit wieder einmal eine Sensation. Jeder Einwohner schien sich unversehens zu einem Hundekenner erster Güte zu entwickeln. Es gab heiße Debatten über die Eigenheiten von Hunden und über das Verhältnis zwischen Hund und Mensch. Alsbald bildeten sich zwei gegnerische Gruppen heraus; sagte die eine, ein Hund wie Tobias müsse zur Ordnung erzogen werden, damit er treu zu Haus und Herrn halte, dann meinte die andere, auch ein Hund sei ein selbständiges Lebewesen, man müsse ihm daher Entscheidungsfreiheit zubilligen.

Die Aufregung wurde immer größer. Einmal, weil die Einwohner von Maulen jede sich bietende Gelegenheit wahrnahmen, um etwas Bewegung in den dörflichen Alltagstrott zu bringen. Dann aber auch – und das war sowohl für die Männer als auch für die Frauen ganz besonders wichtig –, weil wegen Brinkmanns Sorgen um seinen Hund die Qualität seiner Backwaren immer mehr nachließ.

So ging es jedenfalls nicht weiter! Man wandte sich an Gendarm Müller mit der Forderung, endlich für eine Bereinigung der verfahrenen Situation zu sorgen. Doch der zuckte nur die Schultern. »Gegen den Köter ist nicht anzukommen«, meinte er. »Er ist ja nicht mal amtlich registriert und mithin ohne Besitzer. Gewiß, Bäcker Brinkmann hat sich seiner angenommen, doch kann ich polizeilicherseits keineswegs bloß deshalb einschreiten, weil das Tier regelmäßig oder unregelmäßig auch dessen Bruder im Wald aufsucht. Das würde meine Kompetenzen bei weitem überschreiten. Hier muß ich passen.«

Retter in der Not wurde, wie schon so oft, auch diesmal wieder Exgendarm Kroger. Er griff den Hund Tobias auf und schleppte ihn zum Waldrand, nachdem er die beiden Brüder Brinkmann aufgefordert hatte, ihm dorthin zu folgen.

»Dieser Hund«, erklärte er dem Bäcker und dem Waldmenschen, »ist klüger und vernünftiger als ihr beide zusammen. Er hat Sehnsucht nach Geborgenheit, nach Versorgung auf Lebenszeit – aber er braucht für sein tägliches Glück auch einen, der immer für ihn da ist, einen Spielgefährten. Deshalb hat er euch beide zugleich auserwählt – dich, Bäcker Brinkmann, als Versorger . . . und dich, Balduin, als Gefährten und Freund. Er will mit euch gemeinsam leben. Darauf besteht er. Also, wenn ihr den Tobias beide liebt und sein Lebensglück erhalten wollt, dann müßt ihr seinem Wunsch nachkommen und in Zukunft zusammenbleiben. Ist das klar?«

Die Brüder nickten versonnen. Der Hund bellte voller Freude. Und dann zogen sie alle zum Bäckerhaus, wo bereits seit Jahren ein Raum für Balduin eingerichtet war.

»Ein Teufelskerl ist dieser Kroger«, sagten die Leute. »Der weiß, worauf es bei uns ankommt. Der kann es noch weit bringen!«

Die folgenden Ereignisse bewiesen, daß er es tatsächlich sehr weit brachte.

# 12.

# Das Fest aller Feste
# Oder:
# Ehe die Welt finster wird, strahlt die Sonne besonders hell

*»Ein Ostpreuße: ein Philosoph.*
*Zwei Ostpreußen: zwei Rudel Patrioten.*
*Drei Ostpreußen: mindestens ein Fest, möglichst drei – wenigstens doch eins von drei Tagen Dauer.«*

An den ersten Tagen des Monats August im Hochsommer 1933, kurz vor Beginn der großen Ernte, erlebte Maulen in Ostpreußen ein Schauspiel, wie es sich weder davor noch danach ein zweites Mal ereignete. Ein Fest der Feste, bei dem es an nichts mangeln sollte: die Hochzeit der Witwe und Hofbesitzerin Maria Marunke mit dem Exgendarmen und jetzigen Bauern Karl Kroger. Die Vorbereitungen hatte Kroger, der erfahrene Organisator und bewährte Kenner von Land und Leuten, höchstpersönlich übernommen. Aber wenn sogar dem lieben Gott einst ein paar kleine, aber folgenschwere Fehler unterliefen bei der Erschaffung der Welt und der Menschen, dann mußte es bei einem Kroger natürlich erst recht zu Entscheidungen kommen, deren Auswirkungen nicht abzusehen waren – zum Beispiel zu derjenigen, in das feierlich gegründete »Festkomitee« ausgerechnet drei Jünglinge aufzunehmen, die sich zwar brav-bieder angeboten hatten, vor deren hinterlistigen Streichen man aber niemals sicher sein konnte: den Pfarrers-Sohn Waldemar Bachus, den Kaminski-Sprößling Konrad und seinen Jungen Horst-Heinz. Vater Krogers Plan war klar: Gerade weil er dieses freche Maulener Dreigestirn durchaus kannte, hielt er es für ratsam, die Jungchens einigermaßen unter Kontrolle zu halten, statt sie freizügig und unbeaufsichtigt herumlaufen zu lassen. Überraschenderweise erwiesen sie sich als tüchtige, einfallsreiche und ausdauernde Mitarbeiter. Dank ihres Einfallsreichtums sollte es ihnen dann auch gelingen, dem Volksvergnügen ein paar spezielle Glanzlichter aufzusetzen.

Das große Maulener Hochzeits-Schauspiel lief in fünf Akten ab. Der erste Akt bestand aus der Trauung.

Zunächst einmal wurde der zivilrechtlichen Pflicht Genüge getan. Der Bürgermeister ließ es sich nicht nehmen, die amtliche Zeremonie im Gemeindehaus persönlich zu vollziehen. Beginn: 11.15 Uhr.

Die Stimmung war würdig und verhalten. Als Trauzeugen fungierten für den Bräutigam der staunenswert nüchterne Schnapsbrenner Kaminski – und für die Braut Kaminskis Tochter Lydia. Daß die Hochzeiter ausgerechnet die umstrittene Mutter eines unehelichen Kindes zur Trauzeugin berufen hatten, wurde ihnen teils als unverschämte Taktlosigkeit, teils als raffinierte Berechnung, zum größten Teil aber auch als unvoreingenommene menschenfreundliche Geste angerechnet. Auf jeden Fall paßte es als Sensatiönchen zur ganzen Sensation.

Bei der anschließenden kirchlichen Trauung trampelte Hauptlehrer Sandmann wieder mit Begeisterung auf den Orgeltasten herum, und ein gemischter Chor sang zu Anfang und am Schluß etwas, das sich wie Händel oder Bach anhörte. Pfarrer Bachus spendete seinen Segen mit so viel Gefühl, daß viele Zuhörer ihre Tränen nicht zurückhalten konnten. Allerdings: Beim anschließenden Choral, der einfach nicht enden wollte, setzte die Orgel plötzlich mit einem kläglichen Gewinsel aus. Waldemar Bachus, der sich willig erboten hatte, den Blasebalg zu treten, meinte treuherzig: »Plötzlich war alle Luft weg; dieser Laden hier macht es wohl nicht mehr.«

Der zweite Akt war das große Festessen.

Oder richtiger: der erste Teil des großen Festessens; denn traditionsgemäß erwarteten die Gäste einer solchen Großveranstaltung, daß sie sich dreimal vollfressen durften. Das erste Mal in den Mittagsstunden. Das zweitemal – und dies war normalerweise der Höhepunkt der Völlerei – am frühen Abend. Das dritte Mal gegen Mitternacht.

Im großen Marunkehof hatte Karl Kroger lange, große Tische mit breiten Bänken aufstellen lassen, und zwar so, daß die Tische insgesamt einen großen Kreis bildeten. Die Brautleute, Anverwandten und Gäste saßen also nicht in einem Viereck oder in getrennten Gruppen, sondern bildeten eine riesige gemeinsame Runde. Es gab mithin keine Vorzugsplätze, keinen Mittelpunkt, kein Oben oder Unten, sondern jeder Anwesende war gleichberechtigt, ob er nun Bürgermeister war oder Pfarrer oder Kleinbauer oder polnischer Melker, Landarbeiter oder Tierpfleger.

Der Mittagsteil des Festessens bereitete den gut trainierten Maulener Mägen kaum Schwierigkeiten. Es gab mit Sahne verfeinerte Pilzsuppe, Karpfen blau im eigenen Sud mit Schwenkkartoffeln, zarten Lammbraten mit verschiedenen Beilagen und dergleichen Köstlichkeiten mehr. Man hörte Ausrufe der Begeisterung und des Lobes, und einhellige Meinung war: Maria Kroger, verwitwete Marunke ist, obgleich polnischer Abstammung, eine der besten Köchinnen Ostpreußens!

Es bedarf wohl kaum der Erwähnung, daß zu diesem Hochzeitsfest alles erschienen war, was in Maulen Rang und Namen hatte. Darunter Major Wehrenalp mit Gattin und Pfarrer Bachus, ebenfalls in Begleitung seiner Frau. Selbst NSDAP-Ortsgruppenleiter Ritzler hatte es sich nicht nehmen lassen, hier aufzukreuzen, und zwar zusammen mit einem vielbestaunten Fräulein Henriette von Regenborn. Er stellte die junge Dame aus mitteldeutschem Adel stolz vor als »meine liebe Braut«.

Zwar wurden einige Reden gehalten, doch waren sie zum Glück nur kurz. In den Pausen bemühte sich das

Blasorchester der Freiwilligen Feuerwehr darum, mit gefühlvollen Heimatliedern die Stimmung zu vertiefen. Der Höhepunkt der Ergriffenheit wurde jedoch beim abschließenden, von den Männern mit Branntwein vermischten Kaffee erreicht, als nämlich ein kleiner schwarzgrauer Hund erschien – es war der berühmt gewordene Tobias der Brinkmann-Brüder – und eine Schärpe trug, auf der die aus heidnisch-masurischer Vergangenheit überlieferten Farben Ostpreußens prangten: blau-rot-weiß.

Es war dies eine Farbzusammenstellung, die übermütige Spaßvögel immer wieder zu der Auslegung verführte:

Die Augen blau vom Raufen,
die Nase rot vom Saufen,
die Haare weiß vom Huren,
das ist die Fahne der Masuren

Der poetisch veranlagte Hauptlehrer Sandmann wußte eine andere Deutung vorzubringen:

Blau über uns der Himmel,
rot leuchtet das Abendlicht,
weiß ist der Schnee an Wintertagen,
wir Deutsche werden nie verzagen,
heute nicht und morgen nicht

Wie dem auch sei: Hinter dem Ostpreußens Farben tragenden Hund Tobias erschienen nun die Brüder Brinkmann mit einem strahlenden Lächeln, als seien sie für alle Zeit ein Herz und eine Seele, und trugen ein kunstvoll gestaltetes, riesenhaftes Gebilde herein, das von allen Anwesenden entzückt begrüßt und bestaunt wurde – die Hochzeitstorte.

Sie wurde im ganzen Kreis der Tische herumgetragen, damit jeder Gast sie eingehend besichtigen konnte. In der Mitte waren im feinen Zuckerguß die Worte aufgemalt: »Maria und Karl, die wir lieben.«

Anhaltender Beifall kam auf, als die Torte vor dem Ehepaar Kroger hingestellt wurde und Maria ganz spontan erst die Brinkmann-Brüder und dann den Hund Tobias dankbar umarmte. Ihr Mann tat es ihr nach und sagte mit Herzlichkeit: »Ich danke euch, meine lieben Freunde!«

»Nicht der Rede wert«, versicherte Bäcker Brinkmann. »Wir haben dir zu danken. Du bist hier einer unserer Allerbesten.«

Diesmal klang der Beifall ein wenig zurückhaltender; offenbar war einigen Gästen die Dankbarkeitsbezeugung gegenüber dem Expolizisten Kroger ein bißchen zu weit gegangen. Kroger versuchte diese leichte Spannung zu überspielen, indem er ein nicht ungeschicktes Arrangement improvisierte: Er bot den Brüdern Brinkmann die Plätze rechts und links von sich und seiner Frau an, und Hund Tobias durfte sich in die Mitte setzen und erhielt das erste Stück der verlockenden großen Torte.

Da der Kroger-Marunke-Hof nicht groß genug war, um sämtlichen Einwohnern von Maulen die Teilnahme am zweiten Akt des Hochzeits-Schauspiels zu ermöglichen, inszenierte man – sozusagen als dritten Akt – eine gleichlaufende Doppel-Veranstaltung im Ort, wobei man vorsorglich eine Trennung der Geschlechter geplant hatte. Im freigeräumten Schulgebäude versammelten sich, großzügig von Lydia Kaminski betreut, die Mädchen, Mägde und alleinstehenden Frauen. Hier konnten sie sich bei belegten Broten, Kuchen, Kaffee und Eierlikör vergnügen. Die jüngeren männlichen Bürger dagegen feierten im Gemeindesaal bei Bier, das aus von Eisbrocken umgebenen Fünfzigliterfässern gezapft wurde, und bei Schnaps aus den Beständen des Brenners Kaminski.

Die Verantwortung für die Parallelveranstaltung der

Männer hatten die Jünglinge Waldemar Bachus und Konrad Kaminski willig übernommen. Es waren vier große Tische aufgestellt worden. Da nahezu alle jungen Männer von Maulen in irgendeinem Verein oder einer Partei organisiert waren, hatte man auf dieser Grundlage eine gewisse Sitzordnung angestrebt. Auf der äußersten Rechten waren die Ritzler-Recken in ihren braunen Hitlerhemden plaziert worden. Ganz links hockten die Wehrenalp-Leute vom Stahlhelm. Dazwischen saßen Kameraden von der Feuerwehr, Turn- und Sportfreunde, Volkstumspfleger und Heimatliedersänger. Soeben trafen die Bläser der Freiwilligen Feuerwehr ein, die auf dem Kroger-Marunke-Hof zum Festessen aufgespielt hatten und nun hierher beordert worden waren.

Die Stimmung war so gut, wie sie es gar nicht besser sein konnte. Was die Männer auch immer zu trinken begehrten, sie erhielten es prompt. Jede Menge Bier, jede Menge Schnaps. Dazu Würstchen mit Senf oder Karbonaden kalt, gleichfalls mit Senf – es war ein sehr scharfer Senf – Butterbrote mit Käse, Wurstsemmeln, Gurken.

Noch verlief alles harmonisch, gesittet, friedlich. Aber da gab es ein paar Leute, denen es gar nicht recht gewesen wäre, wenn das bis zum Schluß, der ja erst am nächsten Vormittag sein sollte, so bleiben würde.

Auf dem Kroger-Marunke-Hof bahnte sich gegen Abend der vierte Hochzeitsakt an. Wundersame Gerüche wehten von der Küche her, wo in Schmortöpfen gerührt, in Pfannen gebraten, im Ofenrohr gebrutzelt wurde.

Zur allgemeinen freudigen Überraschung marschierte das Orchester vom I. Bataillon des Infanterieregiments Nummer eins mit klingendem Spiel ein, dirigiert von seinem Musikmeister, dem Oberfeldwebel

Schilling. Auf dessen Kommando hin hielt es in Höhe des Brautpaares an und intonierte nach einer kurzen Spielpause den Präsentiermarsch.

Der Preis für diese Darbietung war nicht gering gewesen, doch hatte Kroger keinen Augenblick gezögert, seiner Braut die Freude zu machen – übrigens nach einem Ratschlag des Knaben Konrad. Allerdings war Musikmeister Schilling nur unter einer Bedingung einverstanden gewesen: Es durfte kein Podium geben.

Also stellten sich die Musiker nun auf gleicher Höhe wie die Gäste in der Mitte der großen Tischrunde auf und spielten beliebte Melodien, meist verlockende Weisen aus dem Reich der Operette. Als dann der »Kaiserwalzer« von Johann Strauß erklang, tanzte das Brautpaar, die Maria mit ihrem Karl, und die Gäste schlossen sich unternehmungslusig an: die Wehrenalps, Ritzler mit seiner Adligen, der mächtige Schmied Goldmark und die Hebamme, die Brüder Brinkmann mit dem fröhlich zwischen den Beinen herumspringenden Tobias, ja sogar die Polen vom Hof mit den Mägden.

Man spürte eine Lebensfreude, wie sie typisch war für die Hochsommernächte in diesem gesegneten Land. Um diese Zeit glühte die Sonne noch lange nach. Der Boden war wie ein warmer Backofen. Die seidenweiche Luft vermittelte Wohlbehagen. Da schlief man auch gern im Freien oder zumindest bei weit geöffneten Fenstern. Und es war kein Geheimnis, daß hier die meisten Kinder im Monat August gezeugt wurden – hatte doch ein nicht geringer Teil der Maulener Bevölkerung im Wonnemonat Mai das Licht der Welt erblickt.

Das lustige Treiben auf dem Kroger-Marunke-Hof wurde erst unterbrochen, als das große Abendessen begann. Es entwickelte sich eine Schlemmerei von jener

Art, die – nach einem ostpreußischen Sprichwort – »Leib und Seele zusammenhielt«. Da trug man Kraftbrühe mit Knochenmark auf, gesottene Leber süßsauer, Forellen in Mandelsplittern, saftigen Schweinebraten mit herrlich krosser Kruste und mit Kartoffelpuffern, leicht angerauchten Entenbraten im Blätterteig – unmöglich war es für die Teilnehmer, alle angebotenen Speisen auch nur zu kosten; sie litten unter der Qual der Wahl. Zumal da es mit den Hauptgängen noch längst nicht getan war, wurden doch zum Nachtisch die verschiedensten Kleinigkeiten gereicht: drei Sorten Pudding, zu Herzen, Ringen und Baumblättern geformtes Marzipangebäck, Apfel-, Streusel- und Käsekuchen noch warm vom Blech, eine verlockende Käseauswahl, Kaffee in riesigen Tassen und – zur guten Verdauung, wie man sagte – Unmengen eines gut gekühlten »Klaren«, eines Getreideschnapses.

Während hier die Gäste unter der Last der leiblichen Genüsse stöhnten, hatten im Maulener Gemeindesaal sogenannte Gesellschaftsspiele begonnen. Angeregt von Waldemar und dem kleinen Konrad. Mit ein paar geschickten Bemerkungen der Art, es wäre doch mal gut, in einem Wettbewerb zu klären, wer mehr könne, wer der bessere Mann sei, vielleicht sogar der beste ...

Jetzt zeigte es sich, welche Auswirkungen es hat, wenn die Menschen einander in Gruppen gegenüberstehen. Man fühlt sich plötzlich mächtig und stark genug, die anderen zu übertrumpfen, sie zu bedrängen, ihnen eins auszuwischen.

Mit harmlosen Spielchen fing es an: Wer kann lauter singen oder leiser singen, wer kann am schnellsten reden, welche Gruppe hat die kräftigsten Männer. Schließlich animierten Waldemar und Konrad die Anwesenden zu einem weiteren, scheinbar »edlen« Wettbewerb, der in Wirklichkeit gefährliche Folgen haben konnte: Wer verträgt den meisten Alkohol? Welchen Kerlen gelingt es, die anderen unter den Tisch zu saufen?

Die »Spielgerätschaften«, nämlich vollgefüllte Flaschen und große Gläser, stellten die hinterhältigen Knaben überreichlich zur Verfügung. Da wurde von Gemeinschaftsgeist gefaselt, von einem harten Duell Mann gegen Mann. Speziell fühlten sich die Saft- und Kraftkerle von Stahlhelm und SA in ihrem gruppenelitären Geist angesprochen. Je zwölf Mann aus jeder Gruppe – eine »Auslese«, wie sie sagten – wurde nach geheimer Abstimmung einander gegenübergesetzt. Jetzt sollte herausgefunden werden, welche »die Besseren« waren, welches Gemeinschaftserleben zu stärkerem Durchhaltevermögen führte. Nun würde man seinen höheren Wert beweisen, indem man die Gegner in Grund und Boden soff.

Bis zum vierten oder fünften Glas lachten sie noch. Beim zwölften Großglas Schnaps starrten sie sich schon böse an und stöhnten: »Es geht ums Ganze!«

Inzwischen war die Mitternacht herangekommen, und im Kroger-Marunke-Hof begann der fünfte Akt des hochzeitlichen Schauspiels. Auch hier hatte der Alkohol zusammen mit der freudigen Gesamtstimmung und der lauen Sommernacht Wirkung gezeigt, wenngleich in eine ganz andere Richtung. Man war nicht verkrampft und aggressiv, sondern gelöst und friedlich. Es kam so ein Gefühl auf: Alle Menschen sind Brüder. Und das schien sich sogleich zu realisieren, als die polnischen Landarbeiter, die von jenseits der nahen Grenze gekommen waren und auf dem Hof arbeiteten, einige ihrer Lieder und Tänze zum besten gaben – es war eine seltsam anziehende und anfeuernde Musik.

Eine Musik, die auch den wackeren Männern des Infanterie-Blasorchesters in die Beine fuhr und sie, da ihr

Tagwerk ja getan war, zum Tanz animierte. Sie stürzten sich geradezu wild auf die Frauen und Mädchen, egal, ob sie Preußen waren oder aus Polen stammten. Es gab keine nationalen oder sozialen oder sonstigen Vorbehalte mehr. Es gab nur noch Menschen. Es war das letzte deutsch-polnische Friedensfest für eine lange Zeit, vielleicht für immer.

Unterdessen waren im Maulener Gemeindehaus die Wettkampfgruppen der SA und des Stahlhelms beim achtzehnten Glas Schnaps angelangt, ohne daß es zu größeren Beschimpfungen oder gar zu Auseinandersetzungen gekommen war.

Da wurde den SA-Männern von Waldemar und den Stahlhelm-Leuten von Konrad unter der Hand zugeflüstert: »Paßt auf, man versucht euch zu bescheißen! Während ihr hier eisern durchhaltet, saufen die anderen bloß Wasser!«

Diese ungeheuerliche Verdächtigung bei einem »ehrlichen Kampf Mann gegen Mann«, wo man »auf Treu und Glauben« angewiesen war, verursachte einen Aufruhr unter den Wettspielern. Einige von ihnen stürzten sich auf die Gläser der jeweiligen Gegner, untersuchten sie und stellten fest, daß sie tatsächlich Wasser enthielten – eine offensichtlich glänzende Manipulation.

Es war das Zeichen für eine Saalschlacht, die nach wenigen Minuten nur noch Trümmer hinterließ. Jeder fiel jeden an, alle hieben aufeinander ein, als hätten sie seit Jahren darauf gewartet, endlich ihre Aggressionen loszuwerden.

Waldemar und der kleine Konrad stellten am Ende fest: »Da liegen sie nun. Die haben sich fertiggemacht. Gegenseitig erledigt. Die kommen nicht mehr hoch.«

Dabei war die Saalschlacht nur ein kleiner Vorgeschmack auf die große Schlacht, die bald kommen sollte.

Auch Karl Kroger schien, nachdem die letzten Gäste den Kroger-Marunke-Hof verlassen hatten, zu ahnen, daß die Hochzeitsfeier der Abschied von einer Zeit des Friedens gewesen war. »Was immer auch auf uns zukommen wird«, sagte er zu seiner Frau Maria, die sich an ihn schmiegte, »vergiß nie, daß ich dich liebe und mit dir glücklich bin.«

Sein Sohn Horst-Heinz, der das Hochzeitspaar bis zur Tür ihres Schlafzimmers begleitete, schüttelte den Kopf: »Es müßte mit dem Teufel zugehen, Vater, wenn wir nicht mit allen fertig werden würden, die uns in Bruderliebe an den Kragen wollen.«

»Mein lieber Sohn«, erwiderte Vater Kroger bedächtig, »der Teufel kann zuweilen erschreckend mächtig sein, und dann gibt es für ihn keine Grenzen – auch keine ostpreußischen.«

»Sagt man denn nicht, dies hier sei Gottes eigenes Land?«

»Gewiß, das sagt man. Aber es heißt auch, Gott werde sich, wenn er einmal müde ist, in Ostpreußen schlafen legen. Könnte es nicht sein, daß er dies gerade jetzt tut? Dann hätte der Teufel freie Hand.«

# Schlußbericht

*»Wiedersehen wirst du niemals.*
*Vergessen aber wirst du nichts.«*

Damals, im Hochsommer 1933, war in Maulen die Welt noch nicht völlig in Unordnung. Die Menschen hatten noch Hoffnungen, angenehme Erwartungen, freudige Gefühle.

Bald jedoch wurde auch dieses Dorf vom sogenannten Dritten Reich vereinnahmt. Der »Stahlhelm, Bund der Frontsoldaten« wurde in die NSDAP eingegliedert, die »Deutschnationale Volkspartei« aufgelöst. Major a. D. Wehrenalp zog sich grollend zurück.

Ortsgruppenleiter Ritzler stieg zum uneingeschränkten Herrscher über Maulen auf – jedenfalls tat er so. Wie die Wirklichkeit aussah, zeigte sich anläßlich einer »Wahl«, bei der Ritzler – er wollte so gern Kreisleiter werden – der neugierig wartenden Menge vor dem Wahllokal stolz verkündete: »Einhundert Prozent der Wähler haben auch in Maulen unserem Führer ihre Stimme gegeben!«

Unruhe kam auf nach diesen Worten, sogar Gelächter. Und dann meldete sich einer der unscheinbarsten Feldbesteller weit und breit; ein gewisser Materna, der ansonsten genau wie der Schmied Goldmark zu den Wortkargen des Landes gehörte. Er erklärte ebenso schlicht wie deutlich: »Das kann nicht ganz stimmen, denn zumindest eine Stimme war dagegen – das weiß ich genau!«

»Zwei Stimmen«, sagte nun Kroger und stellte sich neben Materna. »Drei«, krähte Schuster Wondraschek mit einer gewissen Schadenfreude aus dem Hintergrund. »Fünf!« bekannten die Brüder Brinkmann, und Hund Tobias bellte einmal kurz auf, so, als wolle er bekunden, daß er diesen Führer ebenfalls nicht gewählt habe.

»Schamlose Subjekte!« brüllte Ritzler wütend. »Ihr seid der deutschen Volksgemeinschaft nicht würdig!«

Die Maulener ließen solche Beschimpfungen mit einer gewissen Genugtuung über sich ergehen. Das gehörte zu ihren kleinen, gemeinsamen Vergnügungen. Danach wollten sie wieder Ruhe haben und sich um ihre Arbeit und ihre Tiere kümmern, die ihnen weit näherstanden als ein Führer und Reichskanzler im fernen Berlin.

Doch das Leben ging nicht mehr so weiter, wie sie es gewohnt waren und wie sie es sich wünschten. Die »neue Zeit«, die Ritzler seit langem angekündigt hatte, brachte Schrecken, Tod und Verderben. Pfarrer Bachus hatte noch Glück, er beendete sein Dasein auf eine geradezu beneidenswerte Weise. Kurz vor den Weihnachtsfeiertagen 1935 begab er sich mit einer Flasche Rotwein in sein Bett und wachte danach nicht mehr auf.

»Verdient hat er einen so schönen Tod zwar nicht«, meinten die guten Menschen von Maulen, »aber er sei ihm trotzdem gegönnt.«

Den Major a.D. Wehrenalp überfiel, nachdem sein großes Idol, der von ihm ungemein verehrte Generalfeldmarschall und Reichspräsident Paul von Hindenburg, auf seinem ostpreußischen Gut sanft entschlafen war, eine tiefe Traurigkeit. Er zog sich verstört zurück, war nicht mehr ansprechbar und schoß sich schließlich eine Kugel in den Kopf. Seine letzten Worte wurden auf einem Zettel gefunden: »Ich folge ihm nach, getreu bis in den Tod.«

Der Hebamme Goldmark gelang es, weitere Maulener Kinder in das Licht dieser Welt zu ziehen. Aber sie tat es mit zunehmenden Gewissensbissen. Sie fragte sich: Hat es überhaupt einen Sinn, noch Menschen in das irdische Jammertal zu holen? Eines Tages legte sie sich nieder und sagte zu ihrem Mann: »Ich kann und will nicht mehr. Mein Gott, was ist aus uns geworden!«

»Ja«, nickte der Schmied und seufzte schwer, als sie in seinen Armen verschied. Er überlebte seine Frau nur um wenige Wochen.

Gemeinsam nahmen die Brüder Brinkmann Abschied von ihrem geliebten Hund Tobias. Von ihnen beiden bis zur letzten Minute betreut, entschlummerte er nach einem geradezu biblisch langen Tierleben – er soll nahezu fünfzehn, wenn nicht gar an die sechzehn Jahre alt geworden sein und verließ die Erde genauso, wie er auf ihr gelebt hatte: freundlich, vertrauensvoll, ergeben – ohne Schmerzen.

Nach dem Tod ihres Tobias trennten sich die Brinkmann-Brüder wieder. Balduin zog erneut in seine Blockhütte am See. Kurz darauf fand man den Waldmenschen tot im Wasser. Die Leute munkelten, der Geist des Sees, der kein anderes Wesen neben sich dulde, habe ihn geholt. Vielleicht aber ist es auch ein SA-Kommando gewesen, das ähnlich unduldsam war.

Der andere Bruder wanderte mit dem Rest seiner Familie aus. Gerade noch rechtzeitig. Er kam bis nach Amerika, nach Boston. Dort gründete er die Brinkmann-Backwaren-Fabrik, die es heute noch gibt.

Kaminski, der Schnapsbrenner, starb den Tod, der ihm angemessen war und den er wohl auch ersehnt hatte: Er ersoff in seinem Alkohol – nicht ohne vorher noch einige seiner liederlichen Lieder gesungen zu haben, darunter die reichlich verwegene Variation der nunmehr zweiten amtlichen großdeutschen Nationalhymne, des Horst-Wessel-Machwerks:

Die Fahne hoch, die Reihen dicht geschlossen,
die Hosen voll, und das noch sehr genossen,

leckt mich am Arsch
und vorwärts marsch!

Das war im Mai 1939. Nur wenige Monate später begann ein scheinbar endlos langer Herbst, dem ein eiskalter Winter folgte. Nun schien in Ostpreußen der Tod sein Hauptquartier bezogen zu haben, um es bis zum letzten Atemzug von etlichen Millionen Menschen zu verteidigen. Deutsche überfielen Polen unter dem Vorwand, sie seien unentwegt dazu herausgefordert worden. Alsbald versuchten sie, diese »Pollacken« auszurotten, gedeckt durch einen Pakt zwischen Hitler und Stalin, der zwar nur vorübergehend bestand – doch reichte diese Zeit aus, um eine Blutspur zu ziehen, die niemals vergessen sein wird.

Dabei wurde der Kroger-Marunke-Hof für einige wenige Menschen aus Polen zu einem letzten Zufluchtsort – von der Maulener Bevölkerung nicht nur geduldet, sondern sogar hilfreich abgeschirmt. Wenn es um Menschen ging, wollten sie menschlich handeln. Doch allzu lange war ihnen das nicht mehr vergönnt.

Kroger, der frühere Gendarm und inzwischen erfolgreichste Bauer der ganzen Gegend, jedoch registriert als Feldwebel der Infanterie, wurde zur großdeutschen Wehrmacht eingezogen – nicht etwa, weil das Vaterland ihn schon jetzt unbedingt brauchte, sondern weil er »für Volk, Führer und Reich nicht tragbar« war und man ihn deshalb – so wurde geflüstert – zum Abschuß freigeben wollte. Er durfte sich gleich am glorreichen Kurzfeldzug nach Polen beteiligen und »fiel«, wie man so sagt, schon am ersten Tag beim Überschreiten der Grenze. ». . . von Polen«, hieß es im handschriftlichen Beileidsschreiben seines Kompanieführers, »heimtükkisch aus dem Hinterhalt gemeuchelt . . .«

Bei dieser Nachricht vermochte seine Frau Maria

nicht einmal zu weinen. Tränen halfen ohnehin nicht mehr, denn das kleine Strohfeuer des »Polenfeldzuges« weitete sich aus zum Flächenbrand des Zweiten Weltkriegs. Norwegen wurde besetzt, Frankreich erobert, schließlich von Hitler die Sowjetunion angegriffen.

Es gab in Ostpreußen Menschen, die sich von verantwortungslosen Abenteurern wie Ritzler und Genossen hatten einreden lassen, ihr Land sei eine von Deutschland abgetrennte gefährdete Insel, ständig bedroht von beutegierig lauernden Slawen. Und sie begrüßten es anfangs, daß die »widersinnige Grenze« beseitigt und nach Osten verlegt wurde. Sogar Hauptlehrer Sandmann in Maulen ließ sich von dem künstlich erzeugten, befohlenen Patriotismus so sehr anstecken, daß er vaterländische Verse schmiedete, die dann in der Kreiszeitung veröffentlicht wurden:

»Drescht die Sowjets zusammen,
laßt ihre Hütten den Flammen,
löscht ihren Ungeist aus,
so retten wir unser Haus.«

Als schon wenige Jahre später offenbar wurde, daß Größenwahn und Grausamkeit kein dauerhafter Ersatz sind für echte menschliche Werte und wahre Kraft; als das Schicksal die aus den Fugen geratene Weltgeschichte, so gut es für diesmal ging, einigermaßen wieder zurechtrückte, und die einst nach Osten verdrängten Sowjets nun westwärts vorstießen – da griff der in seinen Gedanken und Gefühlen verwirrte Sandmann noch einmal zur Feder:

Es kommen aus Osten die Horden,
die rotten uns aus und morden,
sie stehlen unser Hab und Gut,
vergießen unser edles Blut,
erhebt euch, kämpft dagegen an,
Frau um Frau und Mann für Mann!

Es waren letzte, sinnlose, vergebliche Aufschreie aus höchster Angst und Not. Danach verschwand Hauptlehrer Sandmann aus Maulen, aus Ostpreußen - wohin, das wurde niemals aufgeklärt.

Ritzler dagegen, in Maulen noch immer Ortsgruppenleiter - weiter hatte er es angesichts der Schwierigkeiten, die ihm diese eigensinnigen Menschen bereiteten, nicht gebracht -, hielt die Stellung bis kurz vor dem letzten Gefecht. Gegen Ende 1944, als die Sowjets herandrängten, ließ er Gräben bauen, Wälle errichten, aus den Resten der Einwohner einen armseligen »Volkssturm« zusammenstellen. »Ihr werdet beweisen, wie tapfer deutsche Menschen sind!« rief er dem traurigen Haufen zu. »Verteidigt unsere geliebte Heimat! Seht dem Tod mutig ins Auge, damit unser Volk leben kann!«

Nach dieser Ansprache setzte er sich ab, wohl um seine unersetzliche Kampfkraft für Deutschland zu erhalten. Weit im Westen tauchte er wieder auf. Noch heute lebt er dort, bei Nürnberg, als hauptamtlicher Funktionär eines Verbandes der Heimatvertriebenen. Gut versorgt, präsentiert er sich der Öffentlichkeit ab und zu als scheinbar vorbildlicher Demokrat, um seine Lieblingsparole zu verkünden: »Wir sind wahrlich nicht nachtragend, aber auch keinesfalls vergeßlich. Denn was Recht ist, muß Recht bleiben!« Was er damit meint, hat er niemals näher erläutert - vermutlich in der festen Überzeugung, daß kein echter Deutscher ihn mißverstehen wird.

Konrad, der Kleine, der Kaminski-Sohn, wurde einer der vielversprechendsten Jagdflieger der Großdeutschen Luftwaffe. Er sei dem Ritterkreuz sehr nahe, wurde einmal behauptet. Doch dann sprengte er sich kurz vor einem Feindflug mit seiner Maschine in die Luft. Offiziell wurde erklärt, es sei ein Unfall gewesen.

In Wahrheit war es wohl ein letzter Akt der Verweigerung. Irgend jemand fand dann heraus, vielleicht nicht einmal ganz zu Unrecht, er sei ein Widerstandskämpfer gewesen.

Waldemar, der jüngere Sohn des Pfarrers Bachus, mußte ebenfalls Soldat werden und wurde zur Partisanenbekämpfung in der Ukraine eingesetzt. Irgendwann knallten ihn sogenannte Kameraden einfach ab, als sie ihn im Bett einer »Feindsau« antrafen. Die junge Frau umfing ihn, während er in ihren Armen verblutete, als sei er ein Kind. Er war es wohl auch. Immer noch.

Horst-Heinz Kroger gelang es, das Inferno zu überleben. Schließlich war er frühzeitig von seinem Vater aufgeklärt worden und hatte schnell erkannt, daß es pure Klugheit sein kann, wenn man sich dumm gibt. Es freute ihn, daß andere ihn für ausgesprochen dämlich hielten, er streunte durch Lazarette, hielt sich in Wehrmeldeämtern auf, übernahm in diversen Kommandanturen alle kleinen Aufgaben, vor denen sich die meisten Kameraden drückten, und sprang dank seiner geschickt verborgenen Intelligenz dem Tod immer wieder von der Schippe.

Ihm ist es auch zu verdanken, daß dieser Bericht über die Menschen von Maulen geschrieben werden konnte.

Bald nach Kriegsende landete er in einem Chemiewerk bei Leverkusen, machte schnell Karriere und wurde schließlich zum Direktor ernannt. Er schickte zahlreiche Briefe an den Verfasser unserer Dokumentation und schilderte sogar die Vorgänge, die zum Untergang von Maulen führten, soweit sich das überhaupt rekonstruieren ließ.

Demnach hatte sich in den allerletzten Stunden des Krieges der Rest einer offenbar versprengten Trupppeneinheit nach Maulen zurückgezogen und dort zur Verteidigung eingenistet. Vermutlich hatten die paar Leute einen ganz scharfen Anführer, der zur Verteidigung bis zum letzten Mann entschlossen war. Es gab damals solche Infanteristen mit letzter Munition, Kanoniere ohne Kanonen, aber mit ein paar Handgranaten, oder Pioniere mit restlichen Minen.

Jedenfalls bezogen gegenüber dieser Gruppe sowjetische Truppen Stellung, die ebenfalls nicht kampfesmüde waren und nun ein weiteres Feuergefecht begannen, eines unter zahllosen anderen im großen Schlußgemetzel des Krieges – diesmal eben um ein Dorf namens Maulen. Ein Name, der wohl allen Beteiligten absolut unbekannt und zudem völlig gleichgültig war.

Die Sowjets setzten Granatwerfer ein, schossen aus den Rohren etlicher Geschützbatterien, ließen dann sogar noch Kampfflugzeuge mit Sprengbomben anrauschen.

Es dauerte kaum mehr als drei Stunden, da war Maulen dem Erdboden gleichgemacht. Ein Trümmerfeld. Haus um Haus war in sich zusammengefallen, Hof um Hof – und schließlich auch die Kirche.

In diese Kirche hatten sich einige Menschen geflüchtet und ein paar Tiere. Während die Balken herabprasselten, die Fenster zersprangen, das morsche Gemäuer einzustürzen drohte, stand unmittelbar beim Altar der Schuster Wondraschek.

Verwundet, blutbesudelt, breitete er weit die Arme aus im Inferno eines Weltuntergangs, und rief laut: »Wir haben Gott verleugnet und verraten! Wir haben nicht in seinem Sinne gelebt und gehandelt! Und wenn uns jetzt der Teufel holt, dann frage ich: Haben wir das verdient? Und ich antworte: Jawohl – das haben wir!«

Maulen wurde ausgelöscht. Und mit diesem Dorf Maulen versank auch Ostpreußen im Abgrund der Geschichte. Doch der Geist dieses unvergeßlichen Landes, oder wie immer man das nennen will, wird niemals vergehen. Er ist unsterblich. Wundersame Sagen sind überliefert, liebevolle Beschreibungen und glanzvolle Berichte eines Ostpreußen und seiner Menschen, die beglückend anmuten.

Wahrlich zu Recht!

*»Quod pelis in te est;*
*ne tu quaesieris extra.«*
*(Was du begehrst, trägst du in dir;*
*such es nicht draußen.)*
*Kant, 1772*